I0510100

INDICE

UNIDAD 1. LA EMPRESA

Pablo, Andrea, Irene y Sergio han acabado sus estudios de Bachillerato y van a ir la Universidad. Todos ellos quieren estudiar alguna carrera dentro de la rama de la Economía.

Para poder ir pagando sus gastos han conseguido un trabajo de verano en una Asesoría de Empresas en la que ayudarán en los diferentes casos que se les presente.

Nada más empezar les han dicho que tienen que repasar sus conocimientos de Bachillerato sobre la Economía de la Empresa.

Desde el principio tendrán que colaborar con la documentación de las nuevas empresas que se quieran constituir y han de tener claros diferentes conceptos como los tipos de empresa que existen, el capital mínimo necesario para crearlas, cómo es la responsabilidad de los socios en cada caso, los principales tipos de impuestos…

También han de recordar cuál es la posición de una empresa en la sociedad, cuáles son los factores productivos o cómo puede ser la relación jerárquica dentro de la empresa.

Por ello, Pablo, Andrea, Irene y Sergio han recuperado sus apuntes de bachillerato y se han puesto a repasar.

Son los siguientes.

1.1 Introducción a la Empresa

Para comprender el concepto de Empresa hemos de comenzar por comprender el concepto de **ECONOMIA**. Esta podríamos entenderla como la ciencia que estudia el modo de satisfacer necesidades, las cuales, en la práctica son ilimitadas, con unos medios que a menudo son escasos y susceptibles de usos alternativos. Las personas hemos de actuar en términos económicos pues apenas disponemos de unos Recursos, llámese dinero o tiempo, que hemos de utilizar adecuadamente para conseguir alguno de nuestros deseos. Los Recursos suelen ser escasos y los Deseos suelen ser infinitos por lo que hemos de hacer una selección de los que podremos alcanzar y prescindir de los otros.

En toda sociedad podemos encontrar varios **AGENTES ECONOMICOS** que se agrupan en tres categorías según su papel en la actividad económica del sistema. Estos son las **Familias,** las **Empresas** y el **Sector Público**.

Las **Familias** son las que proporcionan mano de obra tanto a las **Empresas** como al **Sector Público** y esperan recibir a cambio una remuneración. Gracias a ésta podrán adquirir de las **Empresas** los productos o servicios que ofrezcan y, a su vez, deberán pagar los impuestos que correspondan al Estado. Las **Empresas** venden sus productos y servicios tanto a las **Familias** como al **Estado** y a cambio reciben el precio estipulado. Con ello podrán pagar sus impuestos y pagar los salarios a sus empleados. El **Estado** demanda bienes y servicios a las **Empresas** y da trabajo a las **Familias**. A cambio paga los precios y remuneraciones estipulados y puede redistribuir rentas tanto a las **Familias** como a las **Empresas.**

Como nuestro objetivo es la **ECONOMÍA DE LA EMPRESA** hemos de buscar alguna definición que nos diga de qué estamos hablando. Por empresa hemos de entender un conjunto de elementos organizados de tal manera que logran aumentar su utilidad para conseguir un objetivo.

La idea de empresa ya existía en la Edad Media, desde el s. XII, siendo sus protagonistas los artesanos. Estos estaban organizados en gremios y solían intercambiar sus artículos en las ferias.

Sería en los últimos años del s. XVIII cuando con la revolución industrial inglesa la idea de empresa va evolucionando y llega a ser la que conocemos hoy en día.

Para poder desarrollar su trabajo la empresa cuenta con los llamados **FACTORES PRODUCTIVOS**. Estos son los medios con los que cuenta una empresa para poder desarrollar su actividad. Tradicionalmente se suelen mencionar tres:

La **Tierra**, que comprende tanto los recursos naturales como todo tipo de materias primas entendiendo que todo, en su origen, procede de ésta.

El **Trabajo**, tanto físico como intelectual.

El **Capital**, tanto sea físico como la maquinaria, las instalaciones o los vehículos o financiero, como el dinero.

Para poner en marcha toda la maquinaria que supone la empresa necesitamos de alguien que se haga responsable de ello. Esta persona es el **EMPRESARIO**.

En él recae la responsabilidad de ordenar y dirigir el conjunto de recursos, tanto materiales como humanos, que conforman la empresa hacia el objetivo que se haya impuesto asumiendo los riesgos que puedan derivarse de sus decisiones.

Por tanto, el empresario es quien organiza, gestiona y asume el riesgo que implica la puesta en marcha de un proyecto y combina y administra los recursos humanos, físicos, productivos, tecnológicos y financieros de la organización con el fin de generar beneficios.

Es habitual confundir las figuras del empresario y del capitalista. A menudo coinciden en una misma persona pero conviene delimitarlos adecuadamente: **Capitalista** es la persona que aporta los recursos, el capital, a la empresa mientras que el **Empresario** es el responsable de su buen funcionamiento. En ocasiones pueden ser la misma persona, pero no tiene por qué ser siempre así.

Nosotros nos centraremos, sobretodo, en la figura del **Empresario**, en la persona que ha de hacerse cargo de la gestión y dirección de la empresa. Para conocer mejor a esta figura hemos de saber qué competencias debería reunir para hacerse cargo de la actividad empresarial con éxito. Podemos destacar las siguientes: capacidad para asumir riesgos; facilidad para tomar decisiones; capacidad para asumir responsabilidades; capacidad creativa e innovadora; capacidad de organización y dirección; capacidad para adaptarse a situaciones nuevas; capacidad de observación y previsión; habilidades sociales; confianza en sí mismo; perseverancia; conocimiento profesional de la actividad que va a desarrollar y del sector en el que participa; conocimientos sobre organización y gestión empresarial.

1.2. Tipos de Sociedades e Impuestos

En términos legales no se suele hablar de empresas sino de sociedades y a partir de ahora deberíamos ir conociendo los tipos de sociedad más importantes en España. Las más habituales son la Sociedad Anónima, la Sociedad Limitada, el Empresario Individual, la Cooperativa, la Sociedad Colectiva y la Sociedad Comanditaria. Para su descripción nos detendremos en comentar cuál es el Capital social mínimo para constituirlas, el número mínimo de socios con que se pueden crear, el tipo de Responsabilidad que tendrán sus socios y el Tipo de Impuesto que deberán liquidar a Hacienda.

Los **TIPOS DE RESPONSABILIDAD** son dos. La **Responsabilidad Limitada** permite que los socios que participan en la empresa, esto es, sus propietarios, se hagan cargo de las deudas de la empresa solo hasta la cantidad de capital que aportaron a la empresa. La **Responsabilidad Ilimitada** obliga a los socios de la empresa a hacerse cargo de las deudas de la empresa con todo su patrimonio actual y futuro. Es evidente que para cualquier persona que quiera participar en una empresa preferirá hacerlo en una cuya responsabilidad sea Limitada y no Ilimitada. Veamos a continuación las sociedades más destacadas:

	Mínimo Capital Social	Mínimo n° Socios	Responsabilidad	Tipo de Impuesto
Sociedad Anónima	60.101,21 euros	1	Limitada	Impuesto Sociedades
Sociedad Limitada	3.005,06 euros	1	Limitada	Impuesto Sociedades
Empresario Individual	No mínimo	1	Ilimitada	IRPF
Sociedad Cooperativa	Según estatutos	3	Limitada	Impuesto Sociedades
Sociedad Colectiva	No existe mínimo legal	2	Ilimitada	Impuesto Sociedades
Sociedad Comanditaria por acciones	60.101,21 euros	2 (un socio colectivo y un socio comanditario)	Socios colectivos: Ilimitada Socios comanditarios: Limitada	Impuesto Sociedades

Según vemos existen sociedades en las que todos los socios, o parte de ellos, responden personal, ilimitada y solidariamente de las deudas sociales. La persona es lo más importante y no tanto la aportación de capital que haya realizado. Estas son las sociedades llamadas **PERSONALISTAS.** Por otro lado, aquellas en las que los socios responden de las deudas sociales únicamente hasta el límite de las aportaciones realizadas reciben el nombre de sociedades **CAPITALISTAS.** En ellas el patrimonio personal de los socios permanece intacto independientemente de los resultados de la sociedad.

En cuanto a los impuestos a liquidar por una sociedad podemos encontrar el **Impuesto de la Renta de las Personas Físicas** (IRPF) y el **Impuesto de Sociedades**. Tal y como están diseñados lo más conveniente para cualquier empresa en cuanto comienza a obtener beneficios por su actividad es optar por el Impuesto de Sociedades. Veámoslo más a fondo.

El **IMPUESTO DE LA RENTA DE LAS PERSONAS FISICAS** es un impuesto de carácter directo y personal que grava la totalidad de las **rentas obtenidas** por el contribuyente. El periodo a declarar va del 1 de enero hasta el 31 de diciembre y la base imponible que grava se compone de: los rendimientos del trabajo por cuenta ajena, los rendimientos del capital mobiliario e inmobiliario, los rendimientos de las actividades económicas del contribuyente y las imputaciones de renta que se establezcan por Ley en cada ejercicio fiscal. El IRPF es un impuesto progresivo por lo que el tipo impositivo a aplicar varía en función de la renta obtenida. Por ello la ley establece varios tramos con tipos impositivos crecientes a medida que se incrementa la base liquidable.

El **IMPUESTO DE SOCIEDADES** también es un impuesto directo y personal que grava la totalidad de las rentas obtenidas, en este caso, por las Sociedades, como personas jurídicas que son.

Además, el periodo impositivo en principio suele coincidir con el año natural, esto es, del 1 de enero al 31 de diciembre. El tipo impositivo de carácter general, para empresa con cifra de negocios inferior a 10 millones de euros, es del 25 % para los primeros 300.000 euros y del 30 % para el resto. El tipo reducido para empresas con una cifra de negocios inferior a 5 millones de euros es del 20 % para los primeros 300.000 euros y del 25 € para el resto. El problema es que hemos de estar al día pues de un año para otro los tipos pueden cambiar según marque el Gobierno. Para su cálculo se parte de los datos que proporciona la contabilidad de la empresa.

Entre las decisiones más importantes que ha de tomar toda empresa cuando decide abrir es acerca de su **LOCALIZACION.** No en vano, de ello dependerá la viabilidad de la misma. Dicha decisión gira alrededor de factores que pueden favorecer o perjudicar la actividad económica de ésta como pueden ser el coste del suelo, las comunicaciones, la cercanía a la materia prima, el acceso a mano de obra, la legislación de la zona, la cercanía a la demanda… Todo dependerá del tipo de actividad a que se dedique. Una empresa comercial, que vende al consumidor final, necesitara encontrarse cerca de éste o, al menos, en un lugar bien comunicado, al que no le represente a sus clientes un problema el poder acceder a sus instalaciones. Una empresa transformadora deberá situarse cerca de las materias primas o en un lugar adonde lleguen sin problemas las materias primas y desde donde sea fácil distribuir el producto acabado.

1.3. Áreas o Departamentos de una Empresa

Lo habitual es identificar, al menos, los siguientes Departamentos en la empresa: el **Departamento de Producción**, en el que se desarrolla todo el proceso productivo de la empresa y en el que encontramos el área de almacén, tanto de materias primas, como de productos en proceso como de productos acabados, el departamento de compras, el de calidad...; el **Departamento de Marketing**, encargado de analizar el mercado, de diseñar el producto, de decidir sobre el precio, sobre las promociones o la publicidad y sobre la distribución...; el **Departamento Financiero**, encargado de llevar la contabilidad, de controlar el cobro de los clientes y el pago de los proveedores, de controlar las cuentas bancarias, de buscar la financiación necesaria, de las inversiones...; el **Departamento de Recursos Humanos**, encargado de la selección de personal, de los trámites necesarios para su contratación, de su formación, de la documentación laboral...; el **Departamento Administrativo**, que se encarga de gestionar toda la documentación de la empresa; el **Departamento de Dirección**, del cual dependen jerárquicamente todos los demás.

Por supuesto, en una pequeña empresa una misma persona puede llevar a cabo funciones que corresponden a varios departamentos, pero siempre está claro cuáles son las que desarrolla en cada ocasión.

Es posible que a veces se hable de un área de la empresa llamada **STAFF.** Se trata de un departamento que no depende de ningún otro en la empresa pues realiza funciones de asistencia y asesoramiento especializado en las áreas que son de su competencia. En el organigrama suele situarse justo después de Dirección.

Entre otras, las funciones propias del **Staff** son las siguientes:

- Elaborar información que puedan ser utilizada en la toma de decisiones.
- Realizar estudios económicos, financieros, tecnológicos…
- Realizar un continuo asesoramiento legal, fiscal, contable…
- Buscar la forma más eficiente de coordinar las actividades y las relaciones entre los distintos departamentos.

El **Staff** no tiene capacidad ejecutiva pues es un órgano exclusivamente de asesoramiento.

Para representar la estructura de la empresa contamos con los **ORGANIGRAMAS.** Es la representación gráfica de la organización empresarial de una forma sintética y simplificada dando a conocer las principales características y relaciones de dicha estructura. Con ellos se dan a conocer todos los departamentos que componen una sociedad y se localizan los diferentes niveles y posiciones de autoridad.

Podemos encontrar diferentes tipos de organigramas. El **ORGANIGRAMA FUNCIONAL** es el que más se utiliza y consiste en dividir el trabajo de la empresa en tareas según funciones específicas. Las funciones fundamentales de casi toda empresa son: Producción, Marketing, Finanzas y Recursos Humanos. El Director General es el que debe coordinar todas las actividades de los responsables de cada departamento. Cada uno tendrá a su equipo de colaboradores con los que distribuirá las tareas según lo que más convenga en cada caso particular.

Quizá nos interese más usar el **ORGANIGRAMA GEOGRÁFICO**. Este caso se usa cuando el criterio que prevalece en la empresa es la zona geográfica (países, regiones…) y se agrupan las actividades tomando como base los países o las áreas geográficas en las que trabaja. A continuación, lo más habitual es seguirlo con un organigrama funcional que parte de cada una de las zonas.

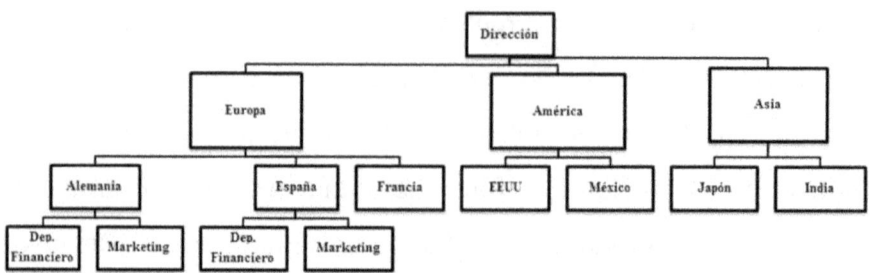

Aún existe otro modelo que es el **ORGANIGRAMA MATRICIAL**. En esta ocasión se trata de un modelo propio de las empresas industriales que consiste en combinar como mínimo dos variables organizativas, como pueden ser por funciones y proyectos (productos), que se enlazan por medio de unas relaciones de autoridad.

En este modelo existe una doble autoridad. Cada persona recibe instrucciones del responsable de proyecto (producto) (horizontalmente) y del responsable de su departamento funcional (verticalmente). Esta distribución suele tener una duración limitada a la realización del proyecto y varía según los proyectos que se presenten.

A menudo se dice que en las empresas existe una **ORGANIZACIÓN INFORMAL.** Se trata de una organización que emerge espontánea y naturalmente entre los trabajadores de la empresa. Surge de las relaciones de tipo social que se crean entre varias personas que se encuentran en contacto mutuo, constituyendo un grupo social cuyo origen es espontáneo, por lo que no aparecen en el organigrama ni en ningún otro documento. Se dice que son relaciones de pasillo o de café, y que dan lugar a intercambio de información y de ideas de forma distendida y que después pasa a incorporarse en la forma de trabajar de los empleados.

UNIDAD 2. DEPARTAMENTO DE PRODUCCION

En la Asesoría han asignado a Andrea y a Sergio al equipo que ha de elaborar un estudio sobre el Departamento de Producción de uno de sus clientes. Se trata de analizar con detalle cuáles son todos los costes en los que incurren al producir y en estudiar, de uno de sus productos, algo que llaman el Punto Muerto.

Además el cliente no sabe qué ha de hacer con relación a un componente de su producto más importante, pues desconoce si debería fabricarlo en la propia empresa o comprárselo a una compañía especializada.

El cliente también quiere analizar los costes de su almacén, conocer cuál es el pedido óptimo que debe hacer a sus proveedores y calcular qué coste anual tendrá.

Por si fuera poco, les han encargado a la Asesoría el estudio de la productividad de sus factores para saber si en los últimos años ésta ha aumentado o ha disminuido.

Por ello, Andrea y Sergio han recuperado sus apuntes de bachillerato y se han puesto a repasar.

Son los siguientes.

2.1. Introducción

Antes de comenzar a estudiar a fondo todo lo que sucede en dicha área de la empresa hemos de conocer el término de **UTILIDAD DEL PRODUCTO.** Con él nos referimos a la capacidad que presentan los bienes y servicios de la empresa para satisfacer las necesidades de las personas. Habitualmente hablamos de cinco utilidades que son agregadas durante el proceso productivo.

La utilidad de **Forma** la encontramos cuando se realiza el proceso de transformación de las materias primas dando lugar a un producto útil para alguien. La combinación de diferentes láminas de madera, con cola, tornillos, algún elemento metálico o plástico, dará lugar a un armario. Está directamente relacionado con el Departamento de Producción.

La utilidad de **Lugar** aparece cuando gracias a ella un bien estará disponible allí donde estén los posibles consumidores.

La utilidad de **Tiempo** es la que permitirá que un producto esté disponible justo cuando los consumidores lo necesiten. Pensemos en los turrones o en cualquier otro dulce navideño. La empresa se encarga de ofrecer dichos artículos justo cuando la mayor parte de la población desea consumirlos, en las fechas navideñas.

La utilidad de **Propiedad**, según nuestro sistema económico, tendrá lugar cuando se transfiera la propiedad del producto al realizarse la compra.

Por último, la utilidad de **Información** aparece cuando se informa al consumidor sobre las características del producto, sobre su composición, sobre sus ventajas, sobre su manejo… Recordemos la publicidad sobre ciertos tipos de alimentos en la que se nos informa de sus beneficios para la salud.

A continuación hemos de conocer cómo se clasifican los **COSTES DE LA EMPRESA.**

Éstas los clasifican o en **Costes Fijos** y **Variables** o en **Costes Directos** e **Indirectos**.

Por **Costes Fijos** entendemos aquellos que se producen tan solo por estar la empresa en funcionamiento y que permanecen más o menos constantes durante todo el ejercicio económico. Un ejemplo típico es el alquiler del local, pues es independiente de las unidades producidas por la empresa. Trabaje o no, sea su mes de vacaciones o no, deberá pagar el alquiler al propietario del inmueble. Otro ejemplo serían los sueldos de los trabajadores fijos de la empresa. Aunque estén en sus días de descanso se les deberá pagar su sueldo.

Por otro lado, los **Costes Variables** cambian en función del nivel de actividad, a más actividad más costes. Su importe dependerá del número de unidades producidas. Si no se realiza ninguna actividad, por ejemplo en vacaciones, su coste será cero, si obtiene 100 unidades sus costes variables serán los correspondientes a 100 unidades. Un ejemplo típico es la materia prima y otro el sueldo de los empleados eventuales que contrata la empresa solo cuando hay un pedido que preparar.

La otra manera de calcular los costes incluye los **Costes Directos**. Estos siempre se identifican claramente en el producto que los ha motivado. El ejemplo más claro es el relacionado con la materia prima, los envases, los embalajes, la mano de obra del taller o el combustible. Son elementos que "vemos" claramente en el bien.

Pero cuando hablamos de los **Costes Indirectos** nos referimos a los gastos que no se pueden atribuir a ningún artículo en particular. Un ejemplo podría ser el alquiler de las oficinas, el material de oficina, los comerciales o el personal del departamento contable.

Una vez claros los anteriores conceptos hemos de hacer una breve mención al **COSTE MARGINAL**. Este no es otro que la variación que experimenta el coste total como consecuencia de producir una unidad más de producto. Pensemos que el Coste total de producir 100 unidades de producto es de 70 euros y el Coste total de producir 101 unidades de producto es de 77 euros. Entonces diremos que el Coste Marginal es de 7 euros.

2.2. Punto Muerto o Umbral de Rentabilidad

Ahora vamos a comenzar a hacer nuestros primeros cálculos con tal de poder tomar decisiones en la empresa. Comenzaremos por calcular el **PUNTO MUERTO O UMBRAL DE RENTABILIDAD.** Toda empresa debería conocer cuántas unidades de producto ha de fabricar y vender para poder cubrir sus costes totales. Se entiende que si produjera y vendiera menos sufriría pérdidas y que si produjera y vendiera más unidades obtendría beneficios.

Para ello la empresa comienza definiendo su función de Beneficios:

Beneficios = Ingresos Totales – Costes Totales

Siendo los **Ingresos Totales = Precio de venta * unidades**

y los **Costes Totales = Costes Fijos + Costes Variables**

y los **Costes Variables = Coste Variable unitario * unidades**

Entonces tendremos:

Beneficios = Precio de venta * unidades – (Costes Fijos + Costes Variables)

Beneficios = Precio de venta * unidades – (Costes Fijos + Coste Variable unitario * unidades)

El punto de partida es que la empresa conozca cuándo logrará cubrir todos sus costes, esto es, cuando no ganará ni perderá. Por ello, todo comienza igualando la función de beneficios a 0 y despejando las unidades que lo hacen posible. Así, la fórmula que obtendremos es:

$$\text{Punto Muerto} = \frac{\text{Costes Fijos}}{\text{Precio de venta} - \text{Costes Variables unitarios}}$$

El Punto Muerto es el número de unidades que nos permiten recuperar los Costes Fijos gracias a la diferencia entre el Precio de venta y los Costes Variables unitarios en los que hemos incurrido. Con dichas unidades no tendremos Beneficios pero tampoco Pérdidas pero sabemos que a partir de ellas tendremos Ganancias.

Su representación gráfica es:

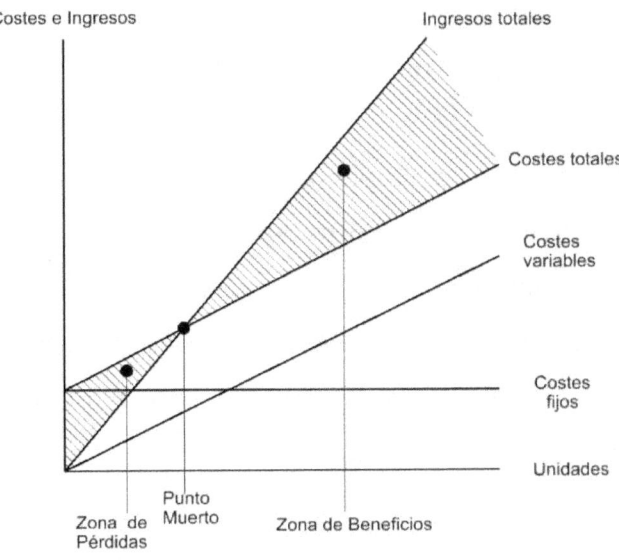

Enunciado. Una empresa ofrece actualmente sus servicios por un valor medio de 50 €. De los datos de su contabilidad se ha

obtenidos unos costes fijos de 8.000 € mensuales y unos costes variales unitarios de 10 € por servicio. ¿Podemos afirmar que la empresa obtendrá beneficios si realiza 190 servicios al mes?

(Nota de la autora: los ejercicios del presente Manual proceden de las pruebas de Acceso de la UNED de la asignatura Economía de la Empresa de diferentes años)

Solución. Primero hemos de conocer cuál es el Punto Muerto de la empresa:

$$\text{Punto Muerto} = \frac{\text{Costes Fijos}}{\text{Precio de venta} - \text{Costes Variables unitarios}}$$

$$\text{Punto Muerto} = \frac{8.000}{50 - 10} = 200 \text{ servicios}$$

Con 200 servicios la empresa recuperaría sus costes y no tendría ni Beneficios ni Pérdidas. Si la empresa ofrece una cantidad inferior de servicios, como en este caso 190, tendrá Pérdidas. Por lo tanto, en respuesta a la pregunta que se nos hace en el Ejercicio hemos de decir que "NO" pues la empresa tendrá pérdidas al ofrecer menos de 200 servicios al mes.

A partir de las fórmulas que acabamos de mencionar podemos plantearnos diferentes tipos de ejercicios. Uno de ellos sería calcular el Precio de venta teniendo en cuenta que la empresa desea obtener un % determinado de beneficios. En tal caso seguiríamos los siguientes pasos:

Primero calcularíamos los Costes Totales de la empresa

Después calcularíamos el % de beneficios que desea la empresa sobre los Costes Totales

Para terminar, igualamos la fórmula del Beneficio al importe obtenido en el apartado anterior. En esta fórmula tendríamos una incógnita, el precio de venta, y no tendríamos más que despejarla.

Ejercicio. Una empresa que fabrica un producto que tiene un coste variable unitario de 30 € y un coste fijo anual de 300.000 €. Sabiendo que la empresa tiene una capacidad para producir 15.000 unidades físicas anuales trabajando a ritmo normal. ¿Qué precio de venta habrá de fijar esta empresa a su producto si desea obtener un margen de beneficio bruto del 15 %?

Solución. Primero hemos de calcular los Costes Totales:

Costes Totales = Costes Fijos + Coste Variable unitario * unidades

CT = 300.000 + 30 * 15.000 = 750.000

En segundo lugar calculamos el porcentaje de Beneficios que deseamos para la empresa:

Beneficios = 15 % sobre 750.000 = $\dfrac{15}{100}$ * 750.000 = 112.500 €

En tercer lugar utilizamos la fórmula del Beneficio con la información que tenemos:

Beneficios = Precio de venta * unidades – (Costes Fijos + Coste Variable unitario * unidades)

Beneficio = Pv * 15.000 – (300.000 + 30 * 15.000) = 112.500

Con lo que despejando el Pv tenemos:

Pv = 57'50 €

Otro caso sería calcular el número de unidades con el que obtendríamos unos beneficios en concreto. No tendríamos más que igualar la fórmula del Beneficio al importe que desea obtener la empresa. Tendríamos como incógnita el número de unidades y no tendríamos más que despejarla.

Ejercicio. Cierta empresa presenta los siguientes datos: coste fijos mensuales = 70.000€; coste variable por unidad producida = 16 €; precio de venta unitario del bien = 56 €. ¿Cuál será el número de unidades que debería vender esta empresa para obtener un beneficio mensual de 24.000 €?

Solución. En este caso usamos directamente la fórmula del Beneficio con la información del Ejercicio. Tendremos una incógnita que tendremos que despejar.

Beneficios = Precio de venta * unidades – (Costes Fijos + Coste Variable unitario * unidades)

Beneficios = 56 * q – (70.000 + 16 * q) = 24.000

q = 2.350 unidades

Por último, otra variación de este cálculo nos permitirá saber si a nuestra empresa le interesa más fabricar un componente para su producto o más bien le interesa comprarlo a otra empresa. Pensemos en una empresa que hace calculadoras y se plantea si debe fabricar ella misma las tapas con las que se presentan habitualmente al mercado o debería comprárselas a otra empresa. Para poder decidir la empresa deberá conocer para qué número de unidades (de calculadoras) le sería indiferente fabricarlas ella o comprarlas. Según la empresa acabe fabricando más o menos unidades le interesará fabricarlas o comprarlas.

Las fórmulas son:

Coste de fabricar = Costes Fijos + Costes Variables unitarios * unidades

Costes de comprar = Precio de compra * unidades

Igualando ambas fórmulas entendemos que es indiferente una opción o la otra. Despejando a continuación las unidades tendríamos la fórmula que deberemos usar:

$$q^* = \frac{\text{Costes Fijos}}{\text{Precio de compra} - \text{Costes Variables unitarios}}$$

Y su representación gráfica sería:

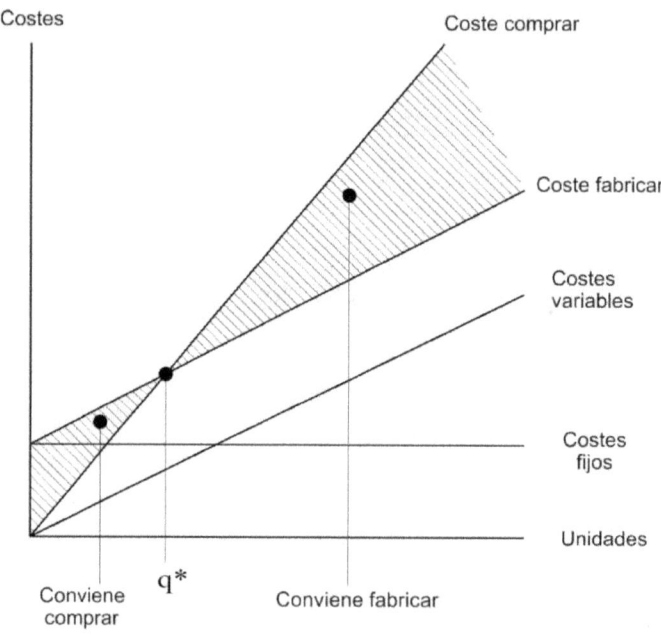

Ejercicio. Cierta empresa debe decidir entre comprar o fabricar un componente para la mejora de su proceso productivo. Si decide comprarlo el precio unitario del

componente es de 10 € y si decide fabricarlo ella misma sabe que debe soportar un coste variable unitario de 6 € siendo los costes fijos anuales de 33.500 €. La empresa ha previsto una cifra de ventas del producto mejorado de 10.000 unidades. Con estos datos, ¿cuál será la mejor decisión para la empresa, fabricar el componente o comprarlo en el mercado?

Solución. Primero deberemos conocer para qué número de unidades le será indiferente comprar o fabricar el componente. Para ello usaremos la fórmula:

$$q^* = \frac{\text{Costes Fijos}}{\text{Precio de compra} - \text{Costes Variables unitarios}}$$

$$q^* = \frac{33.500}{10 - 6} = 8.375 \text{ unidades}$$

Para este número de unidades a la empresa le dará igual comprar o fabricar el componente pero esta empresa pretende trabajar con 10.000 unidades. Por lo tanto a esta empresa le interesará más "Fabricar" el componente.

2.3. Productividad

Ahora que ya tenemos la empresa en marcha nunca está de más conocer cuál es la **PRODUCTIVIDAD** de nuestros factores productivos, concretamente del factor trabajo y del factor capital, esto es, de las máquinas. Por medio de un sencillo cálculo sabremos cuántas unidades de producto es capaz de fabricar cada uno de nuestros empleados en un periodo de tiempo determinado, generalmente una hora. La misma idea se puede aplicar a las máquinas o equipos con los que trabajamos. Así sabremos cuál es la relación entre la producción obtenida por la empresa y los recursos utilizados para obtenerla.

Las fórmulas a emplear son:

$$\text{Productividad del trabajo} = \frac{\text{Producción}}{\text{Horas de trabajo} * \text{N}^{\underline{\text{o}}} \text{ empleados}}$$

$$\text{Productividad del capital} = \frac{\text{Producción}}{\text{Horas en funcionamiento} * \text{N}^{\underline{\text{o}}} \text{ de máquinas}}$$

Ejercicio. Cierta empresa dedicada a la fabricación de neumáticos alcanzó durante 2009 una producción de 750.000 unidades para lo que empleó 10 trabajadores y 5 máquinas a

razón de 1.500 horas y 2.000 horas por trabajador y máquina al año. Calcular:

a) La productividad del factor trabajo

b) La productividad del factor capital

Solución. a) Aplicamos la fórmula de la Productividad del Trabajo

$$\text{Productividad del trabajo} = \frac{\text{Producción}}{\text{Horas de trabajo} * \text{N}^{\underline{o}} \text{ empleados}}$$

$$\text{Productividad del trabajo} = \frac{750.000}{1.500 * 10} = 50 \text{ unidades por h. de trabajo}$$

b) Aplicamos la fórmula de la Productividad del capital:

$$\text{Productividad del capital} = \frac{\text{Producción}}{\text{Horas en funcionamiento} * \text{N}^{\underline{o}} \text{ de máquinas}}$$

$$\text{Productividad del capital} = \frac{750.000}{2.000 * 5} = 75 \text{ unidades por h. de capital}$$

En ocasiones nos interesa conocer en cuánto ha aumentado o disminuido la productividad de nuestros factores de un periodo a otro. El resultado se da en porcentajes y como siempre está claro si ahora la productividad es mayor o menor que antes haremos lo siguiente:

$$\text{Incremento o Disminución de la Productividad} = \frac{\text{Diferencia entre las 2 Prod.}}{\text{Dato de la prod.más antigua}} * 100$$

Como lo hemos multiplicado por 100 al resultado le añadiremos "%".

Ejercicio. Cierta empresa fabricante de bolígrafos dispone de los siguientes datos:

	PRODUCTIVIDAD DEL TRABAJO
<u>Año 2012</u>	40 bolígrafos por trabajador y hora
<u>Año 2013</u>	50 bolígrafos por trabajador y hora

Con los datos que aparecen en la tabla anterior: ¿cuál ha sido la Tasa de variación de la productividad del factor trabajo?

Solución. Vemos claramente que la productividad aumentó por lo que al aplicar la fórmula anotaremos:

$$\text{Incremento de la Productividad} = \frac{\text{Diferencia entre las 2 Prod.}}{\text{Dato de la prod. más antigua}} * 100$$

$$\text{Incremento de la Productividad} = \frac{50-40}{40} * 100 = 25\,\%$$

La productividad del trabajo en la empresa fue mayor en 2013 con relación al año 2012 en un 25 %.

Por último, puede que necesitemos conocer cuál es la **Productividad Global o Total** de la empresa. Con esto se pretende conocer la relación entre el valor de toda la producción de la empresa y todos los recursos empleados para conseguirla. Por tanto, la fórmula empleada será:

$$\text{Productividad Global o Total} = \frac{\text{Valor de la producción}}{\text{Coste de los factores usados}}$$

2.4. Gestión de Pedidos a los Proveedores: Modelo Wilson

Seguimos en el Departamento de Producción y una vez nos hemos familiarizado con ciertos conceptos hemos de pensar que nuestra empresa tendrá que aprovisionarse de Materias Primas para poder trabajar. Este tema, como la mayor parte de los que tienen lugar en la empresa, está lejos de improvisarse. En cualquier organización empresarial nunca podremos pensar en que ya iremos decidiendo sobre la marcha cuánto comprar y a quién. Tan importante como cualquier otro asunto es fundamental conocer cuál es el **VOLUMEN ÓPTIMO DE PEDIDO.** A partir de ahora nuestro objetivo será calcular la cantidad de pedido que logre minimizar la gestión de realizarlos, que nos asegure disponer de la Materia Prima justo en el momento en que la necesitemos, que nos minimice los costes de transporte y, por qué no, que se reduzca el Coste Total de la gestión de inventario. Para ello utilizaremos el **MODELO WILSON.** Este modelo será aplicable siempre que se realicen pedidos del mismo tamaño; siempre que conozcamos la Demanda anual del producto y que se mantenga constante; y siempre que el plazo de entrega por parte del proveedor sea constante.

Este modelo nos permitirá conocer: el número de unidades que hemos de pedir en cada ocasión a nuestro proveedor (Q); cuántas veces al año le realizaremos un pedido (N) y cada cuántos días lo haremos (T).

$$Q = \sqrt{\frac{2 * \text{Demanda anual} * \text{Coste de Preparación del pedido}}{\text{Coste de almacenamiento} + \text{Tipo de interés} * \text{Precio unitario del producto}}}$$

$$N = \frac{\text{Demanda}}{Q}$$

$$T = \frac{\text{Días de trabajo anuales}}{N}$$

A menudo necesitamos conocer el coste de realizar un pedido. En tal caso simplemente deberíamos realizar el cálculo siguiente:

Coste de Aprovisionamiento = Precio unitario del producto * Demanda anual

----

Ejercicio. Cierta empresa adquiere un componente a un precio unitario de 25 € y su demanda es de 230.000 unidades al año. Se sabe que el tipo de interés es del 8 %, el coste anual unitario de almacenamiento de la materia prima es de 4 € por unidad y que el coste de preparación de cada pedido de 11 €. En esta empresa se trabajan 360 días al año. Se pide:

a) Cada cuántos días tendrá que formular la empresa un pedido

b) A cuánto asciende el coste de adquisición de las materias primas

Solución. a) Para conocer cada cuántos días tendrá que hacer un pedido deberemos saber de cuántas unidades será cada pedido (Q) y el número de veces que hará un pedido al año (N). Entonces será cuando podamos conocer cada cuantos días tendrá lugar cada pedido.

Aplicamos la primera de las fórmulas:

$$Q = \sqrt{\frac{2 * \text{Demanda anual} * \text{Coste de Preparación del pedido}}{\text{Coste de almacenamiento} + \text{Tipo de interés} * \text{Precio unitario del producto}}}$$

$$Q = \sqrt{\frac{2*230.000*11}{4+0'08*25}} = 918.33 \longrightarrow 918 \text{ unidades}$$

Ahora calculamos el número de pedidos que haremos al año:

$$N = \frac{\text{Demanda}}{Q}$$

$$N = \frac{230.000}{918} = 250'54 \text{ pedidos al año}$$

Lo podemos dejar así, con decimales, pues el dato es meramente informativo.

Ahora finalmente calculamos la T que es lo que nos pedían en el Ejercicio:

$$T = \frac{\text{Días de trabajo anuales}}{N}$$

$$T = \frac{360}{250'54} = 1'44 \text{ días}$$

La empresa realizará pedidos a su proveedor cada 1'44 días. El dato es meramente informativo por lo que podemos dejarlo con decimales.

b) Para conocer el coste de adquisición de las materias primas calcularemos:

Coste de Aprovisionamiento = Precio unitario del producto * Demanda anual

Coste de aprovisionamiento = 25 * 230.000 = 5.750.000 €

Si nuestra empresa logra trabajar con el **Volumen Optimo de Pedidos** conseguirá el **VOLUMEN ÓPTIMO DE INVENTARIO.** Este se consigue cuando la suma del Coste de los Pedidos y el de Mantenimiento del Inventario es la más baja posible. El **COSTE TOTAL DEL INVENTARIO** es la suma del:

Coste de reaprovisionamiento o renovación de los stocks (CP). Esto es el coste de realización de un pedido: el generado por su tramitación, por su transporte, por la descarga, por el control de llegada…

+ <u>Coste de almacenamiento (CAL)</u>. Hemos de tener en cuenta que la posesión de stocks da lugar a una serie de gastos: el alquiler de los almacenes, el personal del almacén, los seguros que debamos contratar... Estos costes suelen ser variables y, por tanto, crecen cuando crece la cantidad de producto almacenado.

Así pues, el <u>Coste total de inventario</u> = CAL + CP

Además, el almacén también genera un **COSTE FINANCIERO.** Este hace referencia al dinero que hemos empleado para conseguir las Materias Primas o las Existencias con las que trabajamos pues, si no hay movimiento comercial y hemos comprado de más, las tenemos en el almacén inmovilizadas. Es como si tuviéramos dinero paralizado en las estanterías pues las existencias si no pueden ser vendidas no proporcionan ninguna rentabilidad a la empresa. Ello se agrava si para adquirir aquellas Materias Primas habíamos pedido un préstamo que hemos de devolver junto a sus intereses y que no nos está reportando ningún ingreso.

Por otro lado, también hemos de tener en cuenta el **COSTE DE "RUPTURA" DE STOCKS** que tiene lugar cuando ya no disponemos en el almacén de suficientes existencias para atender el pedido de un cliente o para mantener el ritmo de producción. En tal caso, al ser incapaces de cumplir con nuestro cliente podríamos tener serios problemas por la falta de confianza y mala imagen que se podría generar con él.

UNIDAD 3. DEPARTAMENTO FINANCIERO

Mientras tanto, Pablo e Irene han pedido trabajar en el Área Financiera de la Asesoría con lo que colaborarán realizando los Asientos y los Balances de los clientes. Es un trabajo que les motiva especialmente pues les permite, después realizar cálculos oportunos, saber cuál es la situación financiera de cada uno.

Además, uno de sus mejores clientes quiere desarrollar un importante proyecto y duda entre cuatro opciones.

Por ello ha contratado un servicio adicional de la Asesoría para que le haga el estudio oportuno y poder escoger el mejor proyecto entre los cuatro.

También les han dicho en la Asesoría que, de vez en cuando, algún cliente quiere asesoramiento para saber cuánto dinero conseguirá en el futuro siendo el tipo de interés del banco lo único que conoce, y que muchos otros clientes tienen dudas a la hora de buscar financiación.

Y por supuesto, el tema de las Acciones. ¡Cuántos clientes preguntan por los Derechos de Suscripción y quieren que le expliquen bien qué son!

Por todo ello, Pablo e Irene han recuperado sus apuntes de bachillerato y se han puesto a repasar.

Son los siguientes.

3.1. Introducción

Es el momento de conocer qué sucede en el Departamento Financiero y para ello comenzaremos viendo en qué consiste una de las tareas más importantes de la empresa: la **CONTABILIDAD.** Esta es el método por el cual queda registrada toda la información financiera de una organización y se desarrolla siguiendo unas normas comunes para todas las empresas. Sus destinatarios son tanto los propietarios como los posibles inversores, las entidades bancarias, los proveedores, los trabajadores, el Estado…

Para comenzar hemos de tener en cuenta que las empresas tienen bienes, derechos y obligaciones. Los **BIENES DE LA EMPRESA** son todos aquellos elementos materiales o inmateriales (tangibles e intangibles) con los que cuenta la organización para trabajar: los edificios, los terrenos, el mobiliario, los ordenadores, los vehículos, los programas informáticos, las mercaderías, las materias primas, el dinero...

Los **DERECHOS DE LA EMPRESA** son los créditos a favor de la empresa. Por ejemplo, son los derechos de cobro sobre los clientes, los préstamos que la empresa concedió a otras, el importe, a su favor, que Hacienda ha de pagarle según salió en su última liquidación...

Por otro lado, las **OBLIGACIONES Y DEUDAS DE LA EMPRESA** son las deudas que la empresa tiene pendientes de pago por las compras realizadas a sus proveedores y no pagadas aun, o por los préstamos recibidos del banco, por la liquidación de impuestos a favor de Hacienda, o por el capital que aportaron los accionistas. Hemos de tener en cuenta que si se disolviera la sociedad ésta debería devolverles el capital que aportaron, por lo que la empresa mantiene una obligación con ellos. Por ello, se dice que las obligaciones pueden ser con terceros o con los propietarios de la empresa.

Así es como llegamos al concepto de **PATRIMONIO** que podemos definirlo como el conjunto de Bienes, Derechos y Obligaciones que tiene una empresa.

Se dice que la fórmula del Patrimonio Neto o Neto Patrimonial de la empresa es:

Patrimonio Neto = Bienes + Derechos - Obligaciones

Ya algo más familiarizados con dichos conceptos hemos de tener en cuenta que la Contabilidad pretende registrar todos los **HECHOS CONTABLES** que tienen lugar en la empresa. Hecho Contable es toda aquella operación realizada por una sociedad y que afecta a la composición de su Patrimonio. Los Hechos Contables pueden ser Simples, al afectar tan solo a dos elementos patrimoniales, o bien Compuestos, si intervienen más de dos. En ello se basa la **Partida Doble** de la Contabilidad pues siempre intervendrán, al menos, dos elementos contables.

Anteriormente habíamos hablado de Bienes, Derechos y Obligaciones. Precisamente las **CUENTAS DE ACTIVO** son las que representan los elementos patrimoniales referidos a los Bienes y a los Derechos de la empresa. Por otro lado, las **CUENTAS DE PASIVO** y de **PATRIMONIO NETO** son las que representan los elementos patrimoniales referidos a las Obligaciones de la empresa.

Todos los Hechos Contables son registrados por medio de los **ASIENTOS CONTABLES**. Estos cuentan con dos partes, el Debe y el Haber, y con al menos dos cuentas, una por cada lado. Aquí podemos ver un ejemplo de un Asiento Contable:

Debe		**Haber**	
100	**Bancos**	a	**Clientes**	100

En este caso estaríamos contabilizando que uno de nuestros clientes nos ha pagado 100 € que nos debía ingresándolos en nuestro banco.

Para realizar un Asiento seguiremos los siguientes pasos. Primero definiremos las cuentas que están relacionadas con el Hecho Contable que se nos presente; después veremos si dichas cuentas son de Activo, de Pasivo o del Patrimonio Neto; y veremos si aumentan o disminuyen. A continuación realizaremos el Asiento anotando las Cuentas en el Debe o en el Haber según el razonamiento siguiente:

Debe	Haber
Cuentas Activo cuando Aumentan	Cuentas Activo cuando Disminuyen
Cuentas Pasivo cuando Disminuyen	Cuentas Pasivo cuando Aumentan
Cuentas Patrimonio Neto cuando Disminuyen	Cuentas Patrimonio Neto cuando Aumentan
Cuentas de Gastos	Cuentas de Ingresos

Durante el ejercicio económico de las empresas, que normalmente va del 1 de enero al 31 de diciembre, éstas realizan multitud de asientos siendo todos recogidos en el llamado **LIBRO DIARIO**. En paralelo a su elaboración la empresa realiza el **LIBRO MAYOR** (libro de las T's).

Este será el que nos permita conocer, cuenta a cuenta, cual ha sido su movimiento a lo largo de dicho ejercicio económico. Al final del año cada cuenta tendrá un **SALDO** que no es más que la diferencia entre el total anotado a su izquierda, el Debe y el total anotado a su derecha, el Haber. Se dice que el <u>Saldo es deudor</u> si la suma del Debe es mayor que la del Haber. El Saldo será acreedor si la suma del Haber es mayor que la del Debe. Y el Saldo será Cero cuando la suma del Debe es igual a la suma del Haber.

Ejercicio. .Anote la siguiente operación de una empresa en su Libro Diario y en su Libro Mayor:

Pagamos a un proveedor en efectivo 200 €.

Solución.

Primero sabemos que usaremos las cuentas de Proveedores y Caja. Después vemos que Proveedor es una cuenta de Pasivo que disminuye y Caja una cuenta de Activo que disminuye. Así pues, el Asiento será:

Debe			Haber	
200	**Proveedores**	a	**Caja**	200

Con dicha información la empresa obtiene uno de los documentos más importantes que le permite conocer el estado real de su actividad: el **BALANCE DE SITUACION.** En él encontramos los grandes apartados mencionados anteriormente, el Activo, el Pasivo y el Patrimonio Neto y que se encuentran divididos en grupos homogéneos, las **MASAS PATRIMONIALES.** Se trata del **Activo No Corriente** (Bienes y Derechos a Largo Plazo); **del**

Activo Corriente (Bienes y Derechos a Corto Plazo) que cuenta a su vez con el grupo de las **Existencias,** del **Realizable** y del **Disponible;** del **Patrimonio Neto** (Obligaciones con los Propietarios); del **Pasivo No Corriente** (Obligaciones con Terceros a Largo Plazo); y del **Pasivo Corriente** (Obligaciones con Terceros a Corto Plazo). Estas Masas Patrimoniales se componen de **ELEMENTOS PATRIMONIALES,** esto es, de cada una de las cuentas, caso de los Vehículos, los Clientes, los Proveedores o del Capital, por ejemplo.

BALANCE

ACTIVO		PATRIMONIO NETO / PASIVO	
Activo No Corriente	1.000	**PATRIMONI NETO**	600
Maquinaria	200	Capital	500
Construcciones	800	Resultado	100
Activo Corriente	800	**Pasivo No Corriente**	500
Existencias	100	Préstamos Bancarios a LP	500
Materias Primas	100		
		Pasivo Corriente	700
Realizable	500	Proveedores	100
Clientes	500	Préstamos Bancarios a CP	600
Disponible	200		
Bancos	200		
TOTAL ACTIVO	**1.800**	**TOTAL PN / PASIVO**	**1.800**

En ocasiones conoceremos todos los datos para elaborar el Balance pero nos faltará el importe de alguna de las cuentas, normalmente el de la cuenta de Capital o de Resultados. Para resolverlo haremos el Balance con todos los datos que nos den. Así podremos calcular el valor total del Activo. Como, por la **teoría de la Partida Doble**, Activo y Patrimonio Neto / Pasivo han de dar lo mismo sabremos que la columna de la derecha ha de dar lo mismo que la de la izquierda. A partir de ahí obtendremos la cifra de la cuenta de Capital o de Resultados necesaria para que el total de su columna dé lo mismo que el total del Activo.

Ejercicio. Dados los siguientes elementos patrimoniales:

Elementos patrimoniales	Valor en euros
Local comercial	**20.000**
Clientes	**10.000**
Bancos	**5.000**
Existencias	**7.000**
Aportaciones socios	**¿?**
Préstamos bancos a LP	**10.000**
Proveedores	**10.000**

a) ¿Cómo quedaría el balance de esta empresa?

b) ¿Cuál es el valor del Activo corriente? ¿y el del Activo no corriente?

c) ¿A cuánto asciende el valor del Patrimonio Neto (o Neto Patrimonial) y del Pasivo?

Solución. a)

BALANCE

ACTIVO		PATRIMONIO NETO / PASIVO	
Activo No Corriente	20.000	**PATRIMONI NETO**	**22.000**
Local comercial	20.000	Aportación socios	22.000
Activo Corriente	22.000	**Pasivo No Corriente**	**10.000**
Existencias	7.000	Préstamos Bancarios a LP	10.000
Materias Primas	7.000		
		Pasivo Corriente	**10.000**
Realizable	10.000	Proveedores	10.000
Clientes	10.000		
Disponible	5.000		
Bancos	5.000		
TOTAL ACTIVO	**42.000**	**TOTAL PN / PASIVO**	**42.000**

b) Activo Corriente = Existencias + Realizable + Disponible

Activo Corriente = 7.000 + 10.000 + 5.000 = 22.000 €

Activo No Corriente = Local comercial

Activo No Corriente = 20.000 €

c) Patrimonio Neto = Aportaciones socios

Patrimonio Neto = 22.000 €

Pasivo = Pasivo No Corriente + Pasivo Corriente

Pasivo = 10.000 + 10.000 = 20.000 €

En el día a día de la empresa es muy importante tener controlados los siguientes dos conceptos que nos dará información sobre el resultado final de nuestra actividad. Todo comienza por conocer cuáles son los **INGRESOS** que obtiene por medio de la venta de bienes y/o en la prestación de servicios objeto de su actividad económica. En paralelo, toda empresa ha de conocer, con el máximo detalle posible, cuáles son los **GASTOS** en los que incurre para realizar dicha actividad. Este es un concepto relacionado con la compra de otros bienes y servicios para su posterior consumo en el proceso productivo. Incluye tambien la contratación de mano de obra, el suministro eléctrico, el pago del alquiler del local... La relación entre los Ingresos y los Gastos de la empresa queda reflejada en el Patrimonio Neto del Balance, concretamente en la cuenta **Resultados**, también llamada cuenta de **Pérdidas y Ganancias**.

De hecho, en la empresa existe un documento que se centra en exclusiva en mostrar todos estos Ingresos y Gastos. Es la **CUENTA DE PÉRDIDAS Y GANANCIAS** que permite conocer el resultado del ejercicio y se obtiene por diferencia entre unas y otras. En el caso de que el resultado (la diferencia) sea positivo decimos que hemos obtenido **Beneficios** y se dice que su saldo es Acreedor. Cuando el resultado es negativo decimos que hemos tenido **Pérdidas** y que el saldo ha sido Deudor.

Los Beneficios indican que la empresa ha compensado sus Gastos y ha podido generar un excedente que pertenece a los accionistas. Las Pérdidas representan que la empresa no ha podido recuperar sus Gastos por medio de los Ingresos que obtuvo.

Es evidente que para toda empresa es muy importante conocer los Recursos con los que cuenta para poder desarrollar su actividad. Entre ellos, los más importantes son los **RECURSOS PERMANENTES**. Se trata de los recursos a largo plazo con los que cuenta. Concretamente los forman el Patrimonio Neto y el Pasivo No Corriente.

Los orígenes o fuentes de tales recursos pueden ser diferentes. Así tenemos las **FUENTES DE FINANCIACIÓN PROPIAS** que proceden de los recursos aportados por los propietarios de la empresa, que aparecen en el Balance en la cuenta de Capital, y los recursos que proceden de la actividad que realiza la sociedad y que aparece contabilizado en una cuenta llamada **Reservas**. Estas hacen referencia a aquella parte de los Beneficios que por ley no pueden repartirse entre los socios y que han de permanecer en la empresa. Es una financiación interna vía beneficios retenidos. Por ello, se dice que el origen del Capital es externo a la empresa y que el de las Reservas es interno. En el Balance lo encontraremos en el **Patrimonio Neto**.

Por otro lado, la empresa también cuenta con las **FUENTES DE FINANCIACIÓN AJENAS** que consigue gracias a inversores o intermediarios financieros. En ningún momento pertenecen a la empresa pues son deudas que mantiene con terceros y en algún momento tendrá que devolverlas. Estos recursos aparecen contabilizados en el Pasivo Corriente o No Corriente según sean a Corto o Largo Plazo respectivamente.

Los **INTERMEDIARIOS FINANCIEROS** son organizaciones, habitualmente bancos, que actúan como mediadores entre aquellos que necesitan recursos financieros (préstamos) y aquellos que desean invertir los suyos para conseguir una Rentabilidad (inversionistas). Así, mediante una actividad legal, se realiza un intercambio monetario que proporcionará recursos a unos y rentabilidad a otros.

Las principales **CARACTERÍSTICAS DE LOS ACTIVOS FINANCIEROS** intercambiados son tres:

- La **Liquidez**, que se mide por la facilidad de convertirse en un plazo corto de tiempo en dinero, sin que ello le suponga perder valor.

- El **Riesgo,** que depende de la probabilidad de que, al vencimiento, el emisor realice sin dificultades la devolución. El Riesgo depende de la solvencia que ofrezca el emisor.

- La **Rentabilidad**, que se refiere a la capacidad del Activo para producir un rendimiento a su propietario como pago por su cesión temporal, y por la posibilidad de que corra algún Riesgo. Este Rendimiento son los Intereses.

Por tanto, existe una relación directa entre **Rentabilidad** y **Riesgo** pues los activos con mayor Riesgo son los que ofrecen mayor Rentabilidad. Los activos que ofrecen mayor Riesgo son más rentables y lo más habitual es que sean menos líquidos que otros con menor Riesgo.

Los Intereses que nos genere una operación financiera los podemos calcular por medio de la **LEY FINANCIERA DE CAPITALIZACIÓN SIMPLE** usando el **Tipo de Interés Simple.** Se trata de conocer qué Capital (Cn) tendremos de aquí a "n" años partiendo hoy de un Capital conocido (Co) y el Tipo de Interés existente en ese momento en el mercado (i):

Cn = Co * (1 + i * n)

Para conocer cuánto hemos ganado en ese plazo de tiempo "n", los intereses conseguidos, calcularemos:

Intereses = Cn – Co

Ejercicio. Si invertimos 18.720 € al 7,5 %:

¿Qué capital obtendremos de aquí a 4 años?

Solución. Para calcularlo utilizaremos la fórmula de la Capitalización Simple:

$Cn = Co * (1 + i * n)$

$Cn = 18.720 (1 + 0'075 * 4) = 24.336 €$

Por otro lado, el Departamento Financiero también tiene en cuenta que los Activos No Corrientes con los que trabaja van perdiendo valor y que ello debe ser convenientemente contabilizado. Con el concepto de **DEPRECIACIÓN** hacemos referencia a la disminución del valor de un bien, lo que puede suceder por tres motivos: por el desgaste que le genera el uso continuado; por la obsolescencia, esto es, porque aparecen equipos nuevos que incorporan mejoras tecnológicas o algún avance técnico; o, simplemente, por el paso del tiempo. Será por medio de la **AMORTIZACIÓN** con la que registraremos contablemente la pérdida de valor de dichos Activos. Hay diferentes métodos para determinar en qué cantidad contabilizaremos dicha pérdida de Valor, esto es, cuál será su **Cuota de Amortización**. Uno de ellos es el **Método de Amortización Lineal**. Para calcularlo tendremos en cuenta el valor del Activo; su Vida Útil, esto es, el número de años que esperamos podamos trabajar con el bien en la empresa; y, si al final podremos obtener unos ingresos adicionales por el Activo gracias a su venta, su **Valor Residual**.

El cálculo es el siguiente:

$$\text{Cuota de Amortización} = \frac{\text{Valor de Activo} - \text{Valor Residual}}{\text{Vida útil}}$$

Entre la **AMORTIZACION** y el **BENEFICIO** hay una relación pues la primera supone ir reduciendo contablemente el valor de los Activos y la contrapartida es siempre la Cuenta de Pérdidas y Ganancias de la empresa, concretamente el Beneficio, pues se irá reduciendo en la misma cantidad. Se trata de que año a año, según la vida útil del bien, la Cuenta de Pérdidas y Ganancias recoja la pérdida de valor del Activo.

La cuenta de **Amortización** aparece en el Balance en el Activo No Corriente en negativo indicando el menor valor de los bienes.

Ejercicio. El valor de adquisición de una máquina ascendió a 27.643 €, la vida útil estimada es de 6 años, al cabo de los cuales se le estima un valor residual de 361 €. ¿Cuáles serán las cuotas de amortización de esta máquina según el método de amortización lineal?

Solución. Para calcular las cuotas de amortización deberemos usar la fórmula:

$$\text{Cuota de Amortización} = \frac{\text{Valor de Activo} - \text{Valor Residual}}{\text{Vida útil}}$$

$$\text{Cuota de Amortización} = \frac{27.643 - 361}{6} = 4.547 \text{ €}$$

Según lo expuesto anteriormente, nos encontramos con que las organizaciones cuentan con la llamada **AUTOFINANCIACION DE MANTENIMIENTO,** al tener presente las anotaciones contables que contribuyen a mantener el "valor real" de sus Activos y que registra por medio de las Amortizaciones y, por otro lado, con la **AUTOFINANCIACION DE ENRIQUECIMIENTO,** que está formada por los Beneficios que no fueron repartidos y se quedaron en la empresa, esto es, las Reservas cuyo fin es aumentar la capacidad productiva de la sociedad.

3.2. Análisis Financiero: Fondo de Maniobra y Ratios

Ahora que ya conocemos los instrumentos contables más importantes hemos de intentar llegar a conclusiones sobre cuál es la Situación Financiera de la empresa. Para ello disponemos de diferentes cálculos que nos indicaran si nos encontramos, o no, en una zona de seguridad a la hora de hacernos cargo de nuestras obligaciones financieras.

Uno de ellos es el cálculo del **FONDO DE MANIOBRA (FM)** o **Fondo de Rotación.** La forma más simple de calcularlo es:

Fondo de Maniobra = Activo Corriente – Pasivo Corriente

Si el Fondo de Maniobra es positivo la empresa no tiene ningún problema en hacerse cargo con su Activo Corriente de sus deudas a corto plazo propias de su Pasivo Corriente Si, por el contrario, el Fondo de Maniobra es negativo la empresa no dispone de liquidez suficiente para atender su Pasivo Corriente. Existe una fórmula alternativa para calcularlo según sean los datos con los que contamos para calcularlo:

FM = Patrimonio Neto + Pasivo No Corriente – Activo No Corriente

Relacionado con ello en ocasiones hablamos de la **SOLVENCIA DE UNA EMPRESA**. Esta hace referencia a la capacidad financiera de la empresa, esto es, su capacidad de pago, para cumplir con sus obligaciones a corto plazo dados sus recursos a corto. Por lo tanto, es la relación entre lo que la empresa tiene y lo que debe a corto plazo.

Para seguir con el análisis de la información contable de la empresa también contamos con los **RATIOS FINANCIEROS.** Estos relacionan diferentes masas patrimoniales del Balance y sus resultados nos informan sobre si la empresa ofrece seguridad para hacer frente a sus pagos o todo lo contrario. En tal caso, puede que la empresa aun pueda hacer algo para solucionar sus problemas de liquidez aunque también podría mostrarnos una situación límite que la empresa ha de conocer. Es por ello por lo que para cada Ratio se establecen unos valores de referencia.

Los **Ratios** más importantes son los que presentamos a continuación. Para poder elaborarlos necesitaremos disponer del Balance ordenado en sus Masas Patrimoniales.

- El Ratio de **DISPONIBILIDAD** se calcula como sigue:

$$\textbf{Ratio de Disponibilidad} = \frac{\textbf{Disponible}}{\textbf{Pasivo Corriente}}$$

Valores de Referencia:

Cuando el valor del Ratio se encuentra entre 0'1 y 0'3 significa que tiene una Disponibilidad correcta.

Si el valor del Ratio es menor a 0'1 la empresa ha de obtener dinero líquido del Realizable.

Si el valor del Ratio es mayor a 0'3 la empresa tiene recursos ociosos. Esto indica que tiene Disponible parado, al que podría sacarle un mayor rendimiento y no lo está haciendo.

- **TESORERIA**

$$\text{Ratio de Tesorería} = \frac{\text{Realizable} + \text{Disponible}}{\text{Pasivo Corriente}}$$

Valores de referencia:

Si el Ratio es igual a 1 la situación de la empresa es correcta.

Si el Ratio es menor a 1 la empresa está en peligro de Suspensión de Pagos.

Si el Ratio es mayor a 1 la empresa está en riesgo de tener Activos Corrientes ociosos.

- **LIQUIDEZ**

$$\text{Ratio de Liquidez} = \frac{\text{Existencias} + \text{Realizable} + \text{Disponible}}{\text{Pasivo Corriente}}$$

Valores de referencia:

Cuando el Ratio se encuentra entre 1 y 2 la empresa tiene una liquidez correcta.

Cuando el Ratio es menor a 1 la empresa se encuentra técnicamente en Suspensión de Pagos.

Cuando el Ratio es mayor a 2 la empresa tiene Activos Corrientes ociosos.

- **ENDEUDAMIENTO**

Ratio de Endeudamiento =

$$= \frac{\text{Pasivo No Corriente + Pasivo Corriente}}{\text{Patrimonio Neto + Pasivo No Corriente + Pasivo Corriente}}$$

Valores de referencia:

Cuando el valor del Ratio es mayor a 0'5 significa que el volumen de deudas es excesivo y está perdiendo autonomía financiera.

Cuando el valor del Ratio es igual a 0'5 el volumen de endeudamiento es adecuado.

Cuando el valor del Ratio es menor a 0'5 significa que la empresa dispone de suficiente capacidad de endeudamiento.

Ejercicio. Cierta empresa presenta a final de año las siguientes partidas del balance:

Capital 16.400, Bancos 1.000, Clientes 800, Préstamos a LP 5.250, Mercaderías 4.000, Maquinaria 5.000, Elementos de transporte 2.500, Proveedores 2.150, Construcciones 8.500, Terrenos 2.000.

Calcular:

a) El Fondo de Maniobra, el ratio de Disponibilidad, de Tesorería, de liquidez y de Endeudamiento de esta empresa.

b) En función de los resultados anteriores comentar la situación financiera de la empresa.

Solución. Para poder calcular el Fondo de Maniobra y los Ratios lo mejor es hacer previamente el Balance

BALANCE

ACTIVO		PATRIMONIO NETO / PASIVO	
Activo No Corriente	18.000	**PATRIMONI NETO**	**16.400**
Elem. Transporte	2.500	Capital	16.400
Construcciones	8.500		
Terrenos	2.000		
Maquinaria	5.000		
Activo Corriente	5.800	**Pasivo No Corriente**	**5.250**
Existencias	4.000	Préstamos Bancarios a LP	5.250
Materias Primas	4.000		
		Pasivo Corriente	**2.150**
Realizable	800	Proveedores	2.150
Clientes	800		
Disponible	1.000		
Bancos	1.000		
TOTAL ACTIVO	**23.800**	**TOTAL PN / PASIVO**	**23.800**

a)   Para su cálculo haremos uso de cada una de las fórmulas:

Fondo de Maniobra = Activo Corriente – Pasivo Corriente

Fondo de Maniobra = **5.800 – 2.150 = 3.650 €**

Dado que el Fondo de Maniobra de la empresa es positivo no tiene, en estos momentos, ningún problema para pagar sus Obligaciones a Corto Plazo gracias a su Activo a Corto Plazo.

...

$$\text{Ratio de Disponibilidad} = \frac{\text{Disponible}}{\text{Pasivo Corriente}}$$

$$\text{Ratio de Disponibilidad} = \frac{1.000}{2.150} = 0'465$$

Dado que el resultado del Ratio de Disponibilidad es mayor a 0'3 sabemos que la empresa tiene recursos ociosos. Su Disponible está inmovilizado y podría sacarle mayor rendimiento.

...

$$\text{Ratio de Tesorería} = \frac{\text{Realizable} + \text{Disponible}}{\text{Pasivo Corriente}}$$

$$\text{Ratio de Tesorería} = \frac{800 + 1.000}{2.150} = 0'837$$

Como el Ratio de Tesorería es inferior a 1 la empresa está en peligro de Suspensión de Pagos.

...

$$\text{Ratio de Liquidez} = \frac{\text{Existencias} + \text{Realizable} + \text{Disponible}}{\text{Pasivo Corriente}}$$

$$\text{Ratio de Liquidez} = \frac{4.000 + 800 + 1.000}{2.150} = 2'698$$

Como el Ratio de Liquidez es mayor a 2 la empresa tiene Activos Ociosos.

...

Ratio de Endeudamiento =

$$= \frac{\text{Pasivo No Corriente} + \text{Pasivo Corriente}}{\text{Patrimonio Neto} + \text{Pasivo No Corriente} + \text{Pasivo Corriente}}$$

Ratio de Endeudamiento = $\dfrac{5.250 + 2.150}{16.400 + 5.250 + 2150}$ = 0'3109

Como el Ratio de Endeudamiento es menos a 0'5 la empresa aún tiene suficiente capacidad de endeudamiento.

b) A la pregunta de cuál es el estado financiero de la empresa vemos, en principio, que es bastante correcta. Únicamente se puede decir que, según el Ratio de Tesorería, esta sociedad no ha realizado las suficientes ventas como para poder hacerse cargo de sus obligaciones a Corto Plazo. Todos los demás indicadores son correctos, incluso el de Liquidez y el Fondo de Maniobra. Posiblemente esta empresa debería vender más existencias con lo que al tener más clientes su Ratio de Tesorería mejoraría y saldría de la Suspensión de Pagos. Además, su Ratio de Endeudamiento es favorable por lo que su mala situación, la Suspensión de Pagos, es transitoria. Sucede que la empresa tiene muchas Mercaderías sin vender pues, por el motivo que sea, no lo consigue.

- **RENTABILIDAD**

Ratio de Rentabilidad =

$$= \frac{\text{Rendimientos del periodo o Beneficios o Dividendos}}{\text{Inversión realizada o Capital o Patrimonio Neto}}$$

En el caso del análisis de la Rentabilidad de la empresa no se establecen valores de referencia. Se entiende que lo más adecuado es que la empresa tenga de un periodo a otro un Ratio mayor o que el Ratio de la empresa sea mayor que el de la competencia.

Ejercicio. Un inversor adquiere 2.500 acciones a 25 € cada una. Al cabo de un año ha obtenido 6.000 € de dividendos netos: ¿Cuál ha sido la rentabilidad anual de este inversor?

Solución. Aplicamos la fórmula y hacemos uso de los datos que nos da el Ejercicio.

Ratio de Rentabilidad =

$$= \frac{\text{Rendimientos del periodo o Beneficios o Dividendos}}{\text{Inversión realizada o Capital o Patrimonio Neto}}$$

Dividendos = 6.000 €

Capital = Acciones * Valor acción = 2.500 * 25 = 62.500 €

$$\text{Ratio de Rentabilidad} = \frac{6.000}{62.500} * 100 = 9'6\%$$

La Rentabilidad del inversor fue del 9'6 %.

3.3. Acciones

En este apartado nos vamos a centrar en un tema del que seguro que hemos leído de vez en cuando en la prensa y que puede que esté relacionado con nuestra empresa en alguna ocasión. Comenzaremos por definir que las **ACCIONES** son cada una de las partes en que se divide el Capital de las Sociedades Anónimas. Todas ellas tienen el mismo valor, por lo que se dice que son partes alícuotas del Capital de la empresa. Cada uno de los propietarios de una Sociedad Anónima recibe un número determinado de Acciones según haya sido su aportación al Capital y recibirá un rendimiento según sean los Beneficios conseguidos por la empresa con su actividad. El poseedor de las acciones es propietario de la sociedad según el número de acciones que posea y dichas acciones son libremente transmitidas sin ser necesario el consentimiento de los demás accionistas.

Dicha transmisión tiene lugar en la **BOLSA DE VALORES.** Se trata de un mercado donde coinciden vendedores y compradores de acciones y donde el valor de éstas está no sólo en función del valor por el que consten en el Balance sino también en función de la oferta y la demanda que exista en ese momento de esas acciones.

En la Bolsa de Valores podemos encontrar dos mercados. En el **MERCADO PRIMARIO** tiene lugar la salida al mercado de las nuevas acciones de las empresas. Dichas acciones son ofertadas por las sociedades para obtener recursos, ya sea para la constitución de nuevas empresas o para realizar una Ampliación de Capital. El llamado **MERCADO SECUNDARIO** es aquel donde se realiza la compraventa de acciones que ya habían sido emitidas antes en el Mercado Primario. En este caso las acciones tan solo cambian de manos. Todos los activos que se negocian en los Mercados Secundarios previamente habían pasado por el Mercado Primario que es dónde se realizó la primera operación de compra-venta.

Ahora que sabemos qué son las Acciones hemos de saber cuál es su **VALOR NOMINAL**. Este es su valor inicial, aquel por el cual figuran en un primer momento en el Balance. Para conocerlo hemos de saber el valor del Capital Social de la empresa y saber en cuantas partes iguales, esto es, en cuantas acciones dividiremos dicho Capital.

$$\text{Valor Nominal} = \frac{\text{Capital Social}}{\text{Número de Acciones}}$$

Quizá lo que nos interese sea conocer el **VALOR TEORICO** de una Acción. En ocasiones nos interesará conocerlo si queremos tener el cuenta todo el Patrimonio Neto donde aparecen, aparte del Capital, otras cuentas como es el caso de las Reservas.

$$\text{Valor Teórico} = \frac{\text{Patrimonio Neto}}{\text{Número de Acciones}}$$

Además, a veces oímos hablar del **VALOR EFECTIVO DE UNA ACCION.** en este caso nos referimos al valor de mercado que tienen en ese momento las Acciones en caso de que tuviera lugar un intercambio, una compra-venta de Acciones. Este valor depende de la oferta y la demanda, es decir, de la cotización, y lo habitual es que no coincida con el Valor Nominal.

Todo accionista cuenta con unos **DERECHOS Y OBLIGACIONES.** Todo aquel que tenga Acciones en una empresa puede considerarse como uno de sus propietarios. Poseer acciones de una compañía le proporciona legitimidad al accionista y éste puede exigir sus derechos, aunque también le obliga a cumplir con unas obligaciones.

Entre otros Derechos podemos mencionar: participar en el reparto de los beneficios y en el patrimonio resultante de la liquidación si se diera el caso; el poder vender sus acciones libremente; el derecho a subscribir de manera preferente nuevas acciones si tiene lugar una ampliación de capital; el de asistir y votar en las Juntas de Accionistas; el de exigir información sobre la situación de la empresa... Entre otras obligaciones el accionista tendrá que soportar las Pérdidas, si las hay, por la parte que le corresponda.

El **DERECHO PREFERENTE DE SUSCRIPCIÓN** antes citado es la facultad que se les otorga a los titulares de antiguas acciones para adquirir de forma preferente las nuevas acciones. Se hace con la intención de que el antiguo accionista mantenga el mismo porcentaje de propiedad en la empresa. Si no existiera este derecho, un antiguo accionista poseería, a partir de la ampliación de capital, un porcentaje inferior dentro de la sociedad con lo que ello supone a la hora de tomar decisiones. Por supuesto, el antiguo accionista puede hacer uso de ese derecho y adquirir las acciones que le correspondan; o bien puede adquirir las acciones y venderlas después; o bien puede vender directamente el derecho de suscripción a otro accionista de la empresa.

Para conocer a cuántas Acciones tendrá derecho un accionista hemos de conocer cuántas Acciones habían antes de la ampliación, cuántas Acciones nuevas habrán y cuántas Acciones tiene dicho accionista.

$$\text{Proporción para la ampliación} = \frac{\text{Número de Acciones antiguas}}{\text{Número de Acciones nuevas}}$$

$$\text{Acciones que puede adquirir} = \frac{\text{Número de Acciones que posee}}{\text{Proporción para la ampliación}}$$

Algunos conceptos más sobre el valor de las Acciones cuando se realiza una Ampliación de Capital son los de:

Acciones a la Par = Nuevas Acciones al mismo precio que tenían las acciones antiguas.

Acciones Bajo la Par = Nuevas Acciones a un precio inferior al precio que tenían las acciones antiguas

Acciones Sobre la Par = Nuevas Acciones a un precio superior al precio que tenían las acciones antiguas

Otro es el de Capitalización Bursátil:

Capitalización Bursátil = Cotización * Número de Acciones

Y también el de Prima de Emisión:

Prima de Emisión = Precio Acción – Valor Nominal

Por último, para acabar dicho tema hemos de tener en cuenta que además de los Accionistas también existe la figura de los **OBLIGACIONISTAS**. **Obligaciones** son cada una de las partes iguales en que se divide un **Empréstito**. Estos son los préstamos concedidos por los particulares a una empresa. La sociedad se compromete, a cambio, a ofrecer un interés pactado desde el principio y que no depende de los resultados de la empresa. El poseedor de una Obligación no es propietario de la sociedad, sino solo acreedor de ésta. Los **Empréstitos** forman parte de la Financiación Ajena para la empresa. Por tanto, **Obligacionistas** son los que realizan este tipo de Préstamo a las empresas.

Ejercicio. El Capital Social de una empresa dedicada a la fabricación de juguetes se encuentra dividido en 500 acciones de 1.000 € de valor nominal cada una. La empresa precisa de financiación por lo que decide ampliar su capital con 200 nuevas acciones a la par. Se pide:

a) ¿Cuál será el valor teórico de una acción después de la ampliación de capital sabiendo que las reservas de estas empresas son de 100.000 €?

b) Si usted posee 40 acciones antiguas, cuántas acciones nuevas podrá adquirir.

Solución.

a)   Para el cálculo del Valor Teórico usaremos la fórmula:

$$\text{Valor Teórico} = \frac{\text{Patrimonio Neto}}{\text{Número de Acciones}}$$

$$\text{Valor Teórico} = \frac{500 * 1000 + 200 * 1000 + 100.000}{500 + 200} = 1142'86\ €$$

b)   Para saber cuántas acciones podríamos adquirir si teníamos 40 antes de la ampliación usaremos las fórmulas:

$$\text{Proporción para la ampliación} = \frac{\text{Número de Acciones antiguas}}{\text{Número de Acciones nuevas}}$$

Proporción para la ampliación $= \dfrac{500}{200} = 2'5$

Acciones que puede adquirir $= \dfrac{\text{Número de Acciones que posee}}{\text{Proporción para la ampliación}}$

Acciones que puede adquirir $= \dfrac{40}{2'5} = 16$ acciones

Dado que tenemos 40 acciones antes de la ampliación, ahora, después de la ampliación, tendríamos derecho a adquirir 16 acciones para mantener el mismo porcentaje dentro de la empresa.

3.4. Análisis y Selección de Inversiones

Pero el Departamento Financiero también tiene otras funciones y una de ellas es saber valorar cuál ha de ser la inversión a realizar o el proyecto a desarrollar entre varias opciones. En el **ANALISIS Y SELECCIÓN DE INVERSIONES** la empresa dispondrá de una cuantía inicial para invertir y varias opciones para hacerlo. De cada una habrá hecho una estimación de los posibles Cobros y Pagos que le reportará cada una de ellas en los próximos años y suponemos que conocerá el tipo de interés del periodo y la posibilidad de conseguir un Valor Residual al final la vida útil de alguno de los proyectos. Para facilitar los cálculos, en dichos **Análisis de Selección de Inversiones** usaremos el **FLUJO NETO DE CAJA**, esto es, la diferencia entre los posibles Cobros y Pagos. Disponemos de tres métodos de **Análisis y Selección de Inversiones**. Dos de ellos se recogen en el grupo de **Métodos Dinámicos**, y el tercero en el de los llamados **Métodos Estáticos.** Los **Dinámicos** tienen en cuenta que el valor del dinero no es el mismo a medida que va pasando el tiempo, y ello lo incorpora en sus cálculos por medio del tipo de interés o de una tasa. Los **Estáticos** no lo tienen en cuenta, y consideran que el dinero tiene el mismo valor ahora o dentro de x años.

Entre los **Métodos Dinámicos** encontramos el **VALOR ACTUAL NETO (VAN)** y la **TASA INTERNA DE RENTABILIDAD (TIR).**

El **VALOR ACTUAL NETO (VAN)** es uno de los métodos más usados. Se trata de restarle al valor de la inversión inicial la suma de los valores actuales de todos los **Flujos Netos de Caja**.

$$\text{VAN} = -\text{Inversión Inicial} + \frac{\text{Flujo Neto de Caja Año 1}}{(1+i)} + \frac{\text{FNC Año 2}}{(1+i)^2}$$

$$+ + \frac{\text{FNC Año n} + \text{Valor Residual}}{(1+i)^n}$$

Si un proyecto de inversión tiene un VAN positivo, el proyecto es recomendable. Entre dos o más proyectos que presenten un VAN positivo el más recomendable es el que presente un VAN más alto. Algún proyecto podría presentar un VAN negativo lo que indica que la empresa nunca recuperaría la inversión realizada. Si todos los proyectos que tuviéramos que analizar nos dieran un VAN negativo ninguno de ellos sería recomendable.

Ejercicio. Sea el siguiente proyecto de inversión: 700 / 250 / 210 / 370

   a) ¿A cuánto asciende el Valor Actual Neto (VAN) de esta inversión sabiendo que el tipo de descuento es del 5 %?

   b) ¿Es una inversión efectuable según este criterio? ¿Por qué?

Solución. El primer valor del enunciado siempre es la inversión inicial y los posteriores, en orden, los Flujos Netos de Caja de los diferentes años.

a) **Recuperando la fórmula del VAN:**

$$VAN = -\text{Inversión Inicial} + \frac{\text{Flujo Neto de Caja Año 1}}{(1+i)} + \frac{\text{FNC Año 2}}{(1+i)^2}$$
$$+ + \frac{\text{FNC Año n} + \text{Valor Residual}}{(1+i)^n}$$

$$VAN = -700 + \frac{250}{(1+0'05)} + \frac{210}{(1+0'05)^2} + \frac{370}{(1+0'05)^3} = 48'19$$

b) **Esta inversión sería efectuable pues el resultado del VAN es positivo. La empresa conseguiría 48'19 € más después de haber recuperado la inversión.**

Por otro lado la **TASA INTERNA DE RENTABILIDAD (TIR)** nos permite calcular la tasa de descuento (k) que permite que el Valor Actual Neto (VAN) de una inversión sea igual a cero (VAN = 0). Precisamente la incógnita es la tasa que nos permite recuperar la Inversión realizada gracias a los **Flujos de Caja Netos** que obtendremos en el futuro.

$$VAN = -\text{Inversión Inicial} + \frac{\text{Flujo Neto de Caja Año 1}}{(1 + k)} + \frac{\text{FNC Año 2}}{(1 + k)^2}$$

$$+ + \frac{\text{FNC Año n} + \text{Valor Residual}}{(1 + k)^n} = 0$$

Las críticas relativas a la TIR parten de la dificultad de su cálculo. Este método considera que una inversión es aconsejable si la TIR (k) resultante es superior al tipo de interés existente en el mercado, pues de calcular el VAN con dicho tipo de interés obtendríamos un VAN positivo. En caso contrario, si el tipo de interés vigente es superior no nos interesaría la inversión pues el VAN resultante de aplicar dicho tipo de interés sería negativo. Si fueran igual los dos, TIR y tipo de interés, sería indiferente realizar la inversión o no. Entre varias alternativas recomendables la más conveniente siempre será aquella que ofrezca una TIR mayor.

Ejercicio. Sean dos proyectos de inversión A y B cuyos desembolsos iniciales y flujos netos de tesorería para su único año de duración son de 10/15 para el proyecto A, y 10/16 para el proyecto B. ¿Cuál de los dos proyectos de inversión es preferible sabiendo que el rendimiento mínimo exigido por el empresario a esta inversión es del 10 %? Explique y razone su respuesta utilizando el criterio de selección de inversiones del Tasa interna de Rentabilidad (o de retorno).

Solución.

Plantearíamos la fórmula

$$VAN = -\text{Inversión Inicial} + \frac{\text{Flujo Neto de Caja Año 1}}{(1+k)} + \frac{\text{FNC Año 2}}{(1+k)^2}$$

$$+ + \frac{\text{FNC Año n + Valor Residual}}{(1+k)^n} = 0$$

para cada uno de los proyectos.

Proyecto A:

$-10 + \dfrac{15}{(1+k)} = 0$ **y despejamos la k:**

$-10(1+k) + 15 = 0$

$1+k = \dfrac{15}{10}$; $k = \dfrac{15}{10} - 1$; $k = 0'5$

Si multiplicamos k * 100 tendremos que la TIR del proyecto es:

TIR ——> $0'5 * 100 = 50\%$

Proyecto B:

$-10 + \dfrac{16}{(1+k)} = 0$ **y despejamos la k:**

$-10(1+k) + 15 = 0$

$1+k = \dfrac{15}{10}$; $k = \dfrac{16}{10} - 1$; $k = 0'6$

Si multiplicamos k * 100 tendremos que la TIR del proyecto es:

TIR $\longrightarrow$ **0'6 * 100 = 60 %**

Dado que nos dice el enunciado que el rendimiento mínimo exigido es del 10 % y los dos tienen una TIR superior ambos proyectos serian válidos. Ello quiere decir que si calculamos el VAN de cada uno aplicando el 10 % obtendremos resultados positivos. Pero como hemos de elegir solo uno de los dos elegiremos el mayor. En este caso, el proyecto B.

Por otro lado tenemos como **Método Estático** para valorar una inversión el **PLAZO DE RECUPERACIÓN O PAY-BACK**. Se trata de calcular el tiempo (años, meses, días) que tardará la empresa en recuperar la inversión realizada. Este método selecciona aquellos proyectos cuyos **Flujos Netos de Caja** permiten recuperar más rápidamente la inversión, esto es, las inversiones que presenten un periodo de recuperación más corto.

El principal inconveniente es que no tiene en cuenta el valor del dinero en el tiempo. Para su cálculo tendremos en cuenta, año a año, cuánto queda por recuperar de la inversión inicial. Al llegar al año en el que se acabará por recuperar la inversión se ajusta matemáticamente para saber justo en qué mes y día se logrará.

Ejercicio. Sea un proyecto de inversión que exige un desembolso inicial de 24.000 € y genera a lo largo de sus tres años de vida útil unos flujos de caja constantes de 10.000 €. ¿Cuál es el plazo de recuperación o Pay-Back de esta inversión?

Solución. Calcularemos año a año cuánto nos queda por recuperar:

Año 1: 24.000 – 10.000 = 14.000 € Acabará el primer año y todavía tendremos que recuperar 14.000 €

Año 2: 14.000 – 10.000 = 4.000 € Acarará el segundo año y todavía tendremos que recuperar 4.000 €

Todo indica que será a lo largo del tercer año cuando recuperaremos el total de la inversión. Entonces haremos:

$$\text{Año 3: } \frac{4.000 \text{ (falta por recuperar)}}{10.000 \text{ (el FNC del año)}} * 12 \text{ (los meses del año)}$$

$$= 4'8$$

La parte entera (4) formará parte del resultado y serán los meses.

Seguimos con la parte decimal del anterior resultado:

$\longrightarrow$ 0'8 * 30 (indica los días del mes, en término medio) = 24

Este último dato (24) formará parte del resultado y serán los días.

El resultado del ejercicio es:

Esta inversión tiene un Pay-Back de 2 años, 4 meses y 24 días.

Hemos de tener en cuenta que existen dos métodos más para valorar las inversiones. Uno es el **FLUJO NETO TOTAL (por unidad monetaria comprometida)** con el que se calcula la relación entre los **Flujos Netos de Caja** que la empresa obtendrá durante toda la vida del proyecto y la inversión realizada.

$$FNT = \frac{\Sigma \text{ Flujos Netos}}{\text{Inversión Realizada}}$$

Entre varias inversiones elegiremos la que nos proporcione un resultado mayor. Una inversión será recomendable siempre que el resultado sea mayor a 1 pues así la inversión inicial podrá ser recuperada.

Por otro lado, el **FLUJO NETO MEDIO (por unidad monetaria comprometida)** es un método de valoración de inversiones que calcula la relación entre el valor medio de los **Flujos Netos de Caja** que la empresa obtendrá cada uno de los años de vida del proyecto y la inversión realizada.

$$FNM = \frac{\dfrac{\Sigma \text{ Flujos Netos}}{\text{Número de años}}}{\text{Inversión Realizada}}$$

Una inversión será recomendable siempre que el resultado sea mayor a:

$$r = \frac{1}{\text{Número de años}}$$

De esta manera la inversión inicial podrá ser recuperada.

Si tuviéramos varias inversiones la mejor sería aquélla que proporcionara un resultado mayor.

Con este método las mejores inversiones son aquellas de más corta duración y más altos **Flujos Netos de Caja**.

Ejercicio. Sea el siguiente proyecto de inversión: 500 / 250 / 200 / 50 / 100.

    ¿Es efectuable según:

    a) **El criterio del flujo neto TOTAL por unidad monetaria comprometida?**

    b) **El criterio del flujo neto MEDIO por unidad monetaria comprometida?**

Solución.

a)   **Haremos servir la siguiente fórmula:**

$$\text{FNT} = \frac{\Sigma\,\textbf{Flujos Netos}}{\text{Inversión Realizada}}$$

$$FNT = \frac{250 + 200 + 50 + 100}{500} = 1'2$$

Como el resultado es mayor a 1 la inversión es efectuable según el Flujo Neto Total pues se recuperará la inversión realizada.

b)   Usaremos la siguiente fórmula:

$$FNM = \frac{\frac{\Sigma \, \text{Flujos Netos}}{\text{Número de años}}}{\text{Inversión Realizada}}$$

$$FNM = \frac{\frac{250 + 200 + 50 + 100}{4}}{500} = 0'3$$

Para poder saber si la inversión es efectuable hemos de calcular:

$$r = \frac{1}{\text{Número de años}}$$

$$r = \frac{1}{4} = 0'25$$

Dado que el FNM es mayor a (r), FNM = 0'3 > r = 0'25, la inversión será efectuable según el Flujo Neto Medio.

UNIDAD 4. PERIODO MEDIO DE MADURACION

Cuando en la Asesoría Andrea, Pablo, Sergio o Irene tienen un rato libre les hacen desplazarse a la oficina de los clientes para elaborar algunos informes que les ayuden a tomar decisiones.

Uno de ellos es el cálculo del Periodo Medio de Maduración.

Para ello tendrán que pasar por muchos de los departamentos de las empresas y saber cómo trabajan. Tendrán que estar unos cuantos días observando y preguntando en el Departamento de Aprovisionamiento, en el de Producción, en el de Ventas, en el de Cobros y en el de Pagos.

Sospechan que a veces serán vistos con recelo por parte de los trabajadores pero han de ser conscientes de que forma parte de su trabajo y así se lo han de hacer saber a los que trabajan allí.

Hace tiempo que estudiaron este tema en clase y no lo recuerdan mucho.

Por ello, Andrea, Pablo, Sergio e Irene han recuperado sus apuntes de bachillerato y se han puesto a repasar.

Son los siguientes.

4.1. Periodo Medio de Maduración Económica y Financiera

Otro de los análisis que ayudan a los directivos a conocer cómo es el día a día de la empresa es el **PERIODO MEDIO DE MADURACIÓN ECONÓMICA** (PMME). Este hace referencia al tiempo que, por término medio, transcurre desde que la empresa invierte una unidad monetaria en la adquisición de Materias Primas o Mercaderías hasta que se recupera dicha inversión gracias al cobro de los Clientes. Consta de 4 periodos:

* El **Periodo Medio de Aprovisionamiento** (PMA) hace referencia al tiempo que tarda la empresa desde que decide adquirir las Mercaderías o Materias Primas y busca proveedores, negocia con ellos, espera que se haga la entrega, y tiene el material en el almacén hasta que se decide a iniciar la actividad productiva. Para calcularlo seguiremos estos pasos:

$$\text{Rotación} = \frac{\textbf{Compra de mercaderias o materias primas}}{\text{Stock medio de mercaderías o materias primas}}$$

$$\text{PMA} = \frac{\textbf{360}}{\text{Rotación}}$$

- El **Periodo Medio de Fabricación** (PMF) es el número de días que tarda la empresa en realizar su actividad productiva.

- El **Periodo Medio de Venta** (PMV) son los días que tarda la empresa en conseguir vender el Producto. Mientras tanto éste estará en el almacén de productos terminados.

- El **Periodo Medio de Cobro** (PMC) es, finalmente, el número de días que tardará la empresa en cobrar de sus Clientes por las Ventas que ha realizado.

Para calcularlo haremos:

$$\text{Rotación} = \frac{\textbf{Ventas}}{\text{Saldo medio cuenta de clientes}}$$

$$\text{PMC} = \frac{\textbf{360}}{\text{Rotación}}$$

Según el tipo de empresa de que se trate podría faltar alguno de dichos periodos. En el caso de las **Empresas Comerciales** podría no tener lugar el **Periodo Medio de Fabricación**; en el caso de sociedades que consigan vender inmediatamente sus productos no contarán con el **Periodo Medio de Venta**; además, aquellas empresas que consigan cobrar al contado de sus clientes no incluirán el **Periodo Medio de Cobro**.

Periodo Medio de Maduración Económica = PMA + PMF + PMV + PMC

Por otro lado, el **PERIODO MEDIO DE MADURACIÓN FINANCIERA** (PMMF) hace referencia al tiempo que, por término medio, transcurre desde que la empresa invierte una unidad monetaria en la adquisición de Materias Primas o Mercaderías hasta que se recupera dicha inversión gracias al cobro de los Clientes pero teniendo en cuenta que los Proveedores puede que financien nuestra compra. Si ello sucede hemos de añadir a nuestros cálculos el **Período Medio de Pago** (PMP).

Periodo Medio de Maduración Financiera = PMME – PMP

Aunque si la empresa pagara sus compras al contado no existiría el **Periodo Medio de Pago** con lo que el:

PMME = PMMF

Y por último, hemos de decir que en el caso del **PMMF** un resultado negativo sería deseable para la empresa pues significaría que la empresa cobra de sus Clientes (x) días antes de tener que pagar a sus Proveedores.

Ejercicio. Sabiendo que el periodo medio de almacenamiento y de pago de una empresa comercial ascienden a 36'5 días y a 23'33 días respectivamente y que el volumen de ventas de la

citada empresa ha sido de 80.000 € y la media de los saldos de clientes de 1.000 €, se pide:

a) ¿A cuánto asciende el Periodo Medio de Cobro de la empresa?

b) ¿A cuánto asciende el Periodo Medio de Maduración financiero?

Solución.

a)   El PMC se obtiene en dos pasos. Primero calcularemos la Rotación:

$$\text{Rotación} = \frac{\textbf{Ventas}}{\text{Saldo medio cuenta de clientes}}$$

$$\text{Rotación} = \frac{\textbf{80.000}}{1.000} = 80$$

Y después usaremos la fórmula:

$$\text{PMC} = \frac{\textbf{360}}{\text{Rotación}}$$

$$\text{PMC} = \frac{\textbf{360}}{80} = 4'5$$

El Periodo Medio de Cobro de esta empresa es de 4'5 días.

b) **Para conocer el Periodo Medio de Maduración Financiero la fórmula es:**

PMM Financiera = PMA + PMF + PMV + PMC - PMP

PMMF = 36'5 + 4'5 − 23'33 = 17'67 días

17'67 son los días que, por término medio, pasan desde que la empresa invierte una unidad monetaria en la adquisición de Materias Primas o Mercaderías hasta que se recupera dicha inversión gracias al cobro de los Clientes y teniendo en cuenta que los Proveedores nos permiten pagarles 23'33 días más tarde de la compra que le habíamos realizado.

Cuando hacemos referencia al **Periodo Medio de Maduración** hablamos del **CICLO CORTO DE EXPLOTACION.** Este comienza con la inmovilización de recursos que tiene lugar con la adquisición de las Materias Primas o de Mercaderías, que continúa con la fabricación, con la venta del producto terminado y acaba con el cobro de los Clientes. Gracias a ello la empresa consigue la recuperación del dinero invertido en la compra de bienes para su Activo Corriente. Se le denomina **Ciclo Corto de Explotación** pues tiene una duración inferior al año y se repite varias veces durante el ejercicio.

Por el contrario, el **CICLO LARGO DE EXPLOTACION** comienza con la inmovilización de recursos para la adquisición de elementos del Activo No Corriente de la empresa: esto es, para comprar Edificios, Vehículos, Maquinaria…

La duración del ciclo para cada elemento de inmovilizado es diferente ya que no se puede prever la misma duración para todos. Pero se habla de **Ciclo Largo de Explotación** pues su recuperación se produce pasados varios ejercicios económicos. El importe de las inversiones en Activo No Corriente se recupera a lo largo de varios ejercicios económicos

UNIDAD 5. DEPARTAMENTO DE MARKETING

Irene, Andrea y Sergio, Pedro no pudo pues estuvo con gripe, colaborarán con un importante cliente de la Asesoría para realizarle un análisis exhaustivo del Marketing Mix de un nuevo producto que quiere lanzar al mercado.

Para ello comenzarán con un Estudio de Mercado y buscarán qué segmentos existen en él. Les han dicho que así podrán tomar decisiones más acertadas.

Después, deberán analizar lo que llaman las 4 P's del Marketing para lograr que el producto tenga el mayor éxito posible.

Dicha empresa también vende otros productos por lo que les han pedido que les hagan saber en qué momento de su Ciclo de Vida se encuentran y que les digan, exactamente, cuál es la Cuota de Mercado que poseen en la actualidad.

Por si fuera poco, les han dicho algo sobre qué tipo de necesidad cubren sus productos y que usen la teoría de un tal Maslow.

Por ello, Irene, Andrea y Sergio han recuperado sus apuntes de bachillerato y se han puesto a repasar.

Son los siguientes.

5.1. Segmentación de Mercados

Una de las primeras decisiones en toda empresa es saber qué es lo que va a ofrecer al mercado. Para ello, incluso antes de constituirse como sociedad, deberá haber realizado un **Estudio de Mercado** gracias al cual habrá detectado cuáles son sus necesidades, cómo es éste y si nuestra idea de producto tiene cabida en él. Uno de los primeros resultados de dichos **Estudios de Mercado** es la **SEGMENTACION DEL MERCADO**. Esta nos informará sobre los subgrupos homogéneos que contiene con el fin de llevar a cabo una estrategia comercial diferenciada, o no, en cada uno de ellos. Así se podrá satisfacer, de la forma más eficaz posible, sus necesidades a la vez que alcanzaremos los objetivos comerciales de la empresa. La **Segmentación de Mercado** se puede realizar en función de diferentes variables como son la edad, el sexo, el nivel de ingresos, el tamaño de la familia, el modo de vida o el lugar de residencia. Por ejemplo, según la edad de nuestro mercado puede que nos interese trabajar solo para el colectivo de 25 a 55 años, o bien ofrecer un producto diferente a los menores de 15 años, otro a los que tienen de 15 a 35 años, otro diferente a los que tienen de 35 a 65 años y un último tipo de producto para los mayores de 65 años. Por supuesto, nuestra decisión como empresa también podría ser ignorar esas diferencias de edad y ofrecerles el mismo producto a todos por igual.

5.2. Política del Producto. Marketing-Mix

Una vez que conocemos a nuestro posible mercado la empresa debe definir su **POLÍTICA DE PRODUCTO.** Este es el punto de partida de la estrategia comercial de la sociedad a largo plazo. La empresa la define a través de su Marketing tomando decisiones acerca de los atributos que quiere que el consumidor perciba de su producto. Dicha **Política de Producto** recoge decisiones sobre: cómo será su cartera de productos; sobre los recursos de todo tipo que necesitará; sobre el diseño de sus productos; sobre los segmentos de mercado en los que ha decidido centrarse; sobre sus estrategias de precio; sobre la distribución de su producto; sobre la promoción de su producto…

De dichas decisiones se encarga el **MARKETING-MIX,** responsable de las llamadas 4 P's del producto (en inglés): el Producto (Product), el Precio (Price), la Distribución (Place) y la Publicidad/Promociones/Relaciones Públicas (Publicity). Por supuesto, todas las decisiones que se tomen en este departamento con relación a estas 4 variables estarán aprobadas previamente por Dirección, por el departamento de Producción y por el Financiero.

Con relación al **PRODUCTO** sus responsables definirán con el máximo detalle cómo será el producto (o servicio, por supuesto, si es el caso de nuestra empresa), su diseño, su forma de uso, el material con el que estará hecho, sus colores, su envoltorio, su envase... También decidirán sobre su **MARCA,** esto es, sobre cómo se identificará y diferenciará formalmente el producto. Habitualmente incluye un nombre sin dobles significados, fácil de pronunciar y recordar y suele incluir un logotipo.

En cuanto a la variable **PRECIO** sus responsables decidirán en función de la imagen que quieran transmitir con su producto. Pueden poner un precio como el de la competencia; un precio inferior (siempre cubriendo costes); un precio algo superior al de la competencia; o un precio muy alto si van a centrarse en un segmento de mercado muy exclusivo y que está dispuesto a pagarlo.

Con relación a la **DISTRIBUCION** la empresa ha de decidir cómo va a hacer llegar el producto a sus clientes en la cantidad apropiada y en el momento oportuno. Esto es, la empresa ha de decidir cuáles serán los **CANALES DE DISTRIBUCIÓN** más convenientes para el producto que ofrece. La longitud de un **Canal de Distribución** está en función del número de intermediarios que lo integran. Así puede hablarse de **Canales Directos**, **Canales Cortos** o **Canales Largos**.

Un **Canal Directo** es aquel que carece de intermediarios, pues se hace llegar el producto directamente desde el fabricante al consumidor final. La empresa ofrece al mercado sus productos gracias a sus propios medios.

FABRICANTE

COMPRADOR

En ocasiones se habla de **Venta Personal** gracias a la cual se consigue una comunicación directa entre Fabricante y Comprador. Gracias a ella el vendedor puede aclarar dudas que tengan los clientes, ampliar información y además permite a la empresa conocer de primera mano la opinión del comprador. Dicha venta personal permite filtrar el mercado al que queremos llegar pues con ella podemos seleccionar a los clientes que de verdad nos interesan con lo que evitamos llegar a segmentos de mercado no interesados en nuestro producto y podremos ahorrar recursos.

Un **Canal Corto** es aquel que tiene solo un intermediario al contar solo con el **MINORISTA**. En este canal el **Minorista** es aquel que compra a la empresa fabricante y vende directamente a los consumidores. Los **Minoristas** venden pequeñas cantidades, las llamadas «ventas al por menor», al consumidor final por lo que se dice a menudo que realizan «ventas al detalle» y se denomina también **Detallistas**.

FABRICANTE

MINORISTA

COMPRADOR

Por último, un **Canal Largo** es aquel que está formado por un número elevado de intermediarios contando como mínimo con un **Mayorista** y un **Minorista** entre el fabricante y el consumidor final. Los **MAYORISTAS** son aquellos que compran a los fabricantes o a otros **mayoristas** para vender posteriormente a otros intermediarios que pueden ser tanto otros **Mayoristas** como **Minoristas.** Los **Mayoristas** suelen vender grandes cantidades de producto por lo que se dice de ellos que realizan ventas «al por mayor».

Las **Funciones** de un **Canal de Distribución** son: reducir el número de transacciones de la Economía; distribuir físicamente los Productos y almacenarlos; financiar a los diferentes participantes en la compra-venta; realizar actividades de Marketing buscando a los compradores potenciales...

Se ha de destacar que los integrantes de los **Canales de Distribución** suelen adquirir la **Propiedad** de los productos con los que trabajan. De esta manera, tanto **Mayoristas** como **Minoristas** son intermediarios que actúan por cuenta propia al haber asumido la propiedad de las mercancías. No es el caso de los **Agentes Comerciales** que no asumen la propiedad de las mercancías sino que actúan como simples comisionistas.

Hemos de recordar hoy día la opción de muchas empresas de hacer llegar sus productos a sus clientes a través de las **MARCAS BLANCAS.** Estas pertenecen a las cadenas de distribución, generalmente supermercados, con las que se venden productos de distintos fabricantes. Normalmente son artículos más baratos pues la empresa fabricante ahorra en publicidad y promoción que queda en manos del establecimiento. A menudo el producto es el mismo que ofrece la empresa fabricante con su propia marca pero al ser distribuido a través de otra puede venderlo a un precio inferior.

La cuarta variable es la que recoge decisiones sobre **PUBLICIDAD, PROMOCION y RELACIONES PUBLICAS.** En cuanto a la **Publicidad** la empresa tendrá que decidir qué mensaje va a transmitir a sus posibles clientes sobre su producto o servicio, por qué medio hará llegar dicho mensaje, con qué frecuencia... En cuanto a la **Promoción** la empresa tendrá que decidir sobre cómo incentivar la adquisición de su producto. Puede hacerlo a través de descuentos directos por la compra; de obsequios; de muestras de productos; de vales para próximas compras; de cupones descuento; de un 2 x 1; de mayor entrega de producto por el mismo precio; de ofrecer degustaciones en el punto de venta…

Con las **Relaciones Publicas** la sociedad pretende darse a conocer. No se trata de vender un artículo en concreto sino la imagen de la empresa. Para ello suelen patrocinar actos culturales, acontecimientos deportivos, ONG's…

5.3. Cuota de Mercado

Con todas las anteriores acciones de Marketing todas las empresas pretenden aumentar su **CUOTA DE MERCADO.** Esta les informa sobre qué parte de las ventas que han tenido lugar en el mercado de su producto ha sido suyas. Para ello deben conocer, a parte de las propias ventas, las que se han realizado en el mercado en el que la empresa actúa.

$$\text{Cuota de Mercado} = \frac{\textbf{Ventas de nuestra empresa}}{\text{Ventas del sector}} * 100$$

Ejercicio. Una empresa dedicada a la fabricación y venta de televisores ha vendido en un año 92.416 televisores. Si las ventas del sector han sido de 243.200 unidades durante el mismo periodo de tiempo ¿cuál ha sido la cuota de mercado de esta empresa?

Solución. Para conocer la Cuota utilizaremos la fórmula siguiente:

$$\text{Cuota de Mercado} = \frac{\textbf{Ventas de nuestra empresa}}{\text{Ventas del sector}} * 100$$

$$\text{Cuota de Mercado} = \frac{92.416}{243.200} * 100 = 38\,\%$$

La Cuota de Mercado de la empresa en el mercado de televisores fue del 38 %.

5.4. Ciclo de Vida del Producto

Otro tema que toda empresa ha de tener en cuenta es en qué momento del **CICLO DE VIDA** se encuentra su Producto. En función de ello sabrá qué ha de hacer, estará preparada para lo que pueda suceder y podrá tomar decisiones con la suficiente antelación. Es importante tener claro que el **Ciclo de Vida** es de cada uno de los Productos que tenga la empresa, no de la Empresa como tal. Si ésta trabaja con varios Productos tendrá que conocer en qué momento del **Ciclo de Vida** se encuentra cada uno de ellos.

Se suele decir que las fases son las de **Introducción, Desarrollo, Madurez** y **Declive** y lo habitual es relacionar cada fase con las Ventas, la Publicidad, la Competencia y la posibilidad de obtener Beneficios. Su representación gráfica es la siguiente:

En la fase de **INTRODUCCION** la empresa acaba de entrar en el mercado con un Producto nuevo por lo que las **Ventas** aumentan de una manera muy lenta. Nadie sabe de ella y con la **Publicidad** se dará a conocer lanzando el mensaje apropiado para fomentar la primera compra. Dado que el producto es nuevo en el mercado pues ofrece algo que no existe, nadie más lo hace y no tiene todavía **Competencia** de un artículo como el suyo. Por ello, la empresa tendrá, de momento, más Costes que Ingresos y no tendrá **Beneficios**. Ha de ser conscientes de que su Producto podria fracasar en esta **Fase de Introducción** por no seguir las Ventas la evolución deseada y no salir de la situación de Pérdidas.

En la fase de **CRECIMIENTO** la empresa ha logrado entrar en el mercado con éxito y sus **Ventas** comienzan a crecer de manera importante. Ahora es cuando la **Competencia** aparece pues el Producto ha sido aceptado y otras empresas muestran interés en ofrecer un producto como el suyo. Por ello la **Publicidad** ha de intentar, con su mensaje, que los Clientes no les dejen de comprar ahora que les conocen, que hagan ellos mismos publicidad de éste y fomentar la compra por parte de aquellos indecisos. De esta manera es cómo la empresa comienza a obtener **Beneficios** al tener ya cubiertos los costes gracias a los Ingresos obtenidos con las Ventas.

A la **MADUREZ** llega la empresa cuando ya no hay posibilidad de encontrar nuevos clientes y, por ello, las **Ventas** se estancan. Posiblemente no aparezca más **Competencia** y con la existente el mercado ya está repartido. Una empresa consigue un cliente nuevo solo si lo pierde un competidor. Por ello, la **Publicidad** ha de intentar con su mensaje que sus clientes no les abandonen, que no se olviden de ellos. A menudo se realiza publicidad con mensajes de recordatorio. En cuanto a sus **Beneficios** lo más habitual es que se estanquen. Los Costes quedan cubiertos por los Ingresos y se trata de que ello se mantenga en el tiempo. Muchas empresas permanecen en **Madurez** muchos años.

Tras esta fase pueden suceder dos cosas. Por un lado, puede que la empresa decida realizar algún cambio en el producto y ofrecer algo renovado. Con ello comenzaría un nuevo **Ciclo de Vida** de otro Producto.

La otra posibilidad es que el producto comience su **DECLIVE**. En este caso las **Ventas** comienzan a decrecer. Quizá ha aparecido un producto substitutivo, algún competidor ha tenido más éxito que ellos o el mercado se cansó de su producto. Según sea el caso puede que la **Competencia** también desaparezca o, simplemente, les deje de importar. En el caso de la **Publicidad** quizá ya no tenga sentido seguir gastando en ella o, en último caso, el mensaje será el adecuado para acabar con los últimos stocks de su producto. Y por último, en cuanto a los **Beneficios** poco a poco irán convirtiéndose en Pérdidas. En esta fase de **Declive** la empresa puede optar por "dejar morir el producto" (marcado con líneas discontinuas en el gráfico). Esto es, ir vendiendo hasta acabar con los stocks que le queden o, incluso, fabricarlo en función de que le llegue algún pedido. Esta última opción es la mejor si la empresa sigue ofreciendo nuevos productos y no quiere perjudicar su imagen de compañía que está al servicio de sus Clientes. Por otro lado, algunas empresas pueden decidir "matar el producto" y no poner más unidades a la venta a partir de un momento determinado. Posiblemente sea cuando los Ingresos no cubran los Costes.

Como hemos comentado anteriormente, la empresa puede ofrecer diferentes productos o servicios. Por ello hablamos de:

- **Cartera de productos,** que hace referencia al conjunto de productos con los que trabaja la empresa.
- **Línea de producto,** que es el conjunto de productos de las mismas características que ofrece la empresa.
- **Amplitud de una cartera (o gama) de productos,** que es el número de líneas de productos que ofrece la empresa.
- **Profundidad de una cartera (o gama) de productos,** esto es, el número de modelos, tamaños y variantes de los productos ofrecidos en cada línea de productos.

- **Longitud de una cartera de productos**, el número total de productos ofrecidos por la empresa.

5.5. Las Necesidades del Mercado. Pirámide de Maslow

Como hemos comentado en varias ocasiones, para el departamento de Marketing es muy importante conocer a fondo el Mercado en el que desea introducirse. Por ello uno de los aspectos fundamentales es saber cuáles son las Necesidades existentes y saber cuál de ellas satisface nuestro Producto. Para ello suelen usarle la **PIRAMIDE DE MASLOW** en la que se muestra una jerarquía de Necesidades humanas.

Según Maslow hay cinco niveles de Necesidades que se estudian de abajo a arriba. Para que alguien decida satisfacer una necesidad deberá haber satisfecho, previamente, las necesidades inferiores.

En el nivel inferior encontramos las **Necesidades Físicas**. Nadie que no tenga cubiertas las necesidades de comida y bebida necesarias para la supervivencia, un mínimo de salud o poder reposar para poder descansar, pensará en cubrir otro tipo de necesidad.

Por ello, las **Necesidades de Seguridad** aparecerán siempre y cuando las necesidades del nivel inferior estén cubiertas. Solo entonces alguien pensará en proteger su vivienda de las agresiones del exterior, en adquirir alimentos que mejoren su salud, en sentirse seguro.

A continuación, en un tercer nivel, cuando todas las anteriores necesidades están resueltas aparecen las **Necesidades Sociales**. Es ahora cuando aparece la necesidad de relacionarse con otros, de sentir amor y afecto, de pertenecer a un grupo y realizar actividades con otras personas.

Una vez ya lo hemos conseguido las personas sienten **Necesidades de Reconocimiento**, pues ya no solo es pertenecer a un grupo sino sentirse reconocido por sus acciones, por sus logros, por el papel que desarrollan en el grupo.

Y, por último, cuando ya hemos conseguido satisfacer todas las necesidades de los niveles inferiores las personas logran, por fin, la **Autorrealización**. Con ella se alcanza el total desarrollo y potencial de cada uno.

UNIDAD 6. ORGANIZACIÓN Y PLANIFICACION EMPRESARIAL

Una de las últimas tareas que les han dado a Pablo, Andrea, Irene y Sergio en la Asesoría ha sido la elaboración de un informe sobre Organización y Planificación empresarial de sus clientes más importantes. Han de estudiar cómo se toman las decisiones en dichas empresas, su plazo temporal, cómo es el estilo de dirección, cómo son sus trabajadores.

Con relación a este tema ya les indican que han de aplicar las teorías de McGregor. Además deberán analizar el proceso de toma de decisiones en dichas empresas y ver si lo hacen en situación de incertidumbre o de certeza.

La verdad es que les queda muy poco tiempo de trabajo en la Asesoría pero están satisfechos pues han aprendido mucho. Gracias a esta experiencia y a todo lo que aprendan en la Universidad saben que estarán bien formados para poder ser unos buenos profesionales.

Tienen mucho por delante.

Pero por si acaso, y para acabar bien su trabajo de verano, Pablo, Andrea, Irene y Sergio han recuperado sus apuntes de bachillerato y se han puesto a repasar.

Son los siguientes.

6.1. Organización y Planificación

Por último, hemos de hacer referencia a las tareas relacionadas con la **Dirección** de la empresa. La **ORGANIZACIÓN EMPRESARIAL** es la función que tiene como finalidad diseñar una estructura en la que queden definidas todas las tareas que debe realizar cada miembro de la empresa así como su responsabilidad y autoridad. Además tiene como objetivo ordenar el conjunto de relaciones que surjan en el desarrollo de las diversas tareas.

Para ello es imprescindible el **CONTROL EN LA ADMINISTRACIÓN EMPRESARIAL**. Gracias a él se verifica que todo salga tal y como se había previsto, tanto en lo referente a los objetivos generales de la empresa, en los niveles más altos de ésta, o en los objetivos más concretos propios de un nivel inferior de la organización. El **Control** se realiza con la intención de detectar las Desviaciones para corregirlas lo antes posible y evitar sus consecuencias negativas. Para conseguir información y proceder se realizan Auditorías Internas, se revisan los Presupuestos buscando Desviaciones… Si se localiza alguna se ha de pensar si se ha de cambiar la metodología de trabajo.

Con relación a **LA ACTIVIDAD DE DIRECCIÓN DENTRO DE LA ADMINISTRACIÓN EMPRESARIAL** destaca la planificación a Largo Plazo cuyas decisiones afectarán a toda la empresa siendo responsable del cumplimiento de los objetivos que se haya propuesto. Se trata de elegir las tareas necesarias para conseguir los objetivos. A continuación, desde **Dirección** se han de transmitir dichas tareas a los trabajadores con las instrucciones y procedimientos adecuados en cada caso. Para ello se han de crear las situaciones de trabajo idóneas para lograr la motivación de los trabajadores. Por ello, es necesario conocer cómo son los empleados y una de las teorías más válidas sobre ello es la **TEORÍA X e Y DE MCGREGOR.**

Según la **TEORIA X** los empleados no están interesados en trabajar, solo lo hacen a cambio del salario que reciben, no quieren tomar decisiones, no quieren tomar responsabilidades, no son creativos, solo saben cumplir órdenes… El estilo de **Dirección** a aplicar a estos trabajadores es la **Dirección Autoritaria,** donde se le indica a cada uno qué ha de hacer y cómo hacerlo, marca los tiempos de realización del trabajo, dicta unas normas estrictas a seguir y no tiene sentido motivar ni delegar responsabilidades.

Según la **TEORIA Y** a los empleados les gusta trabajar, les motiva la tarea que realizan, no les importa tomar decisiones y están dispuestos a asumir responsabilidades, son creativos en su trabajo… El estilo de **Dirección** ideal para estos empleados es la **DIRECCIÓN DEMOCRÁTICA.** La Dirección puede confiar en sus empleados, sabe que agradecerán recibir formación, puede permitir que los empleados participen en la toma de decisiones y en las negociaciones de los objetivos de la empresa. Se suele delegar en ellos.

En la empresa todo comienza con la **PLANIFICACIÓN** siendo ésta la **Tarea previa** del administrador o director de la organización. La **ACTIVIDAD** (función) **DE PLANIFICACIÓN** es la primera de las actividades de la dirección de la empresa. Esta consiste en fijar los objetivos deseados; en marcar las estrategias que se han de seguir para conseguirlos; en definir las políticas de la empresa; y en establecer los criterios de decisión para conseguirlos. Para ello, se han de analizar todos los objetivos según sean a Largo Plazo o a Corto Plazo y se clasifican por departamentos. Dicha **Planificación**, llamada también **PLANIFICACION ESTRATÉGICA O CORPORATIVA,** se desarrolla desde Dirección y es el proceso que sienta las bases de la actuación a **Largo Plazo** de la empresa. Recoge, por tanto, los cursos de acción que se han de seguir, formula los indicadores de seguimiento e involucra a toda la empresa. Es el proceso en el que se deciden los **Objetivos** de la empresa, los recursos necesarios para lograrlos y las políticas que orientarán el logro de tales objetivos.

Las **ETAPAS EN UN PROCESO DE PLANIFICACIÓN** son:

- Un **Análisis en profundidad de la situación inicial**. Se analiza la situación de la empresa y de su entorno y se toma conciencia de las oportunidades existentes para poder aprovecharlas.

- La **Fijación de los Objetivos**. Se marcan y concretan las metas a las que se quiere llegar, saber con detalle qué queremos conseguir.

- La **Creación de alternativas o determinación de las líneas de actuación**. Se marcan los diferentes caminos que han de llevar a la empresa hacia sus objetivos teniendo en cuenta el Presupuesto que se dispone.

- La **Evaluación de las alternativas**. Se trata de valorar y analizar cada una de las líneas de acción, estudiar los puntos fuertes y débiles y evaluar sus costes, sus riesgos, las dificultades que hay que superar.

- **Elección de una de las alternativas**. Se decide cuál se seguirá.

- **Control de las desviaciones**. Por supuesto se habrá escogido una alternativa creyendo que es la mejor, pero es posible que la realidad evolucione de una manera diferente y que esta alternativa no dé los resultados esperados. En tal caso deberán analizarse de nuevo las alternativas iniciales, se valorará si alguna de ellas es posible aun y, según la experiencia de lo sucedido, hemos de actuar de una manera diferente, para lo que realizaremos las modificaciones necesarias. Por ello, se ha de hacer un continuo seguimiento de los planes para corregirlos de ser necesario.

Los **PROCEDIMIENTOS EN LA FUNCIÓN DE PLANIFICACIÓN** son los pasos a seguir para poner en marcha la alternativa decidida. Es la secuencia cronológica de las acciones requeridas para uniformar la conducta de los empleados y poder predecirla con mayor seguridad. Son los **MANUALES** de cada departamento que definen las formas de trabajo. Por ejemplo, en el departamento de compras el **Manual** definirá cómo llegan los pedidos de los clientes, quién los recibe, cómo los cursa, a quién le pasa la orden, quién prepara el pedido, cómo se tramita el envío del pedido, quién emite la factura, quién controla el cobro...

Se ha de tener en cuenta que los **OBJETIVOS EN EL PLAN**:

- **Han de ser realistas**, pues los departamentos implicados han de tener todos los recursos necesarios para poder alcanzarlos en el momento adecuado.

- **Se han de establecer prioridades** entre los diferentes objetivos, valorando siempre el coste de oportunidad que supone una elección u otra.

- Se deben alcanzar con el **menor número de consecuencias imprevistas** y sus costes deben ser mínimos.

Hemos de ser conscientes desde Dirección que las decisiones pueden tomarse en **SITUACIÓN DE CERTEZA**, que es aquella en la que se conoce con seguridad cómo se va a comportar el mercado, el gobierno o el entorno económico más cercano. Supone que los responsables de la empresa conocen por adelantado el resultado de su elección. Se trata de creer que los objetivos que se persiguen están bien definidos y que la empresa tiene toda la información necesaria, que se puede medir y que es fiable. Por ello, se tiene cierta seguridad sobre el resultado que se obtendrá de cada una de las alternativas. En la realidad son pocas las decisiones que se toman bajo condiciones de **Certeza.**

Lo más habitual es tomar decisiones en **SITUACIÓN DE INCERTIDUMBRE**. En este caso desde Dirección se desconoce cómo se va a comportar el mercado, el gobierno o el entorno económico más cercano. Aparecen variables que no están bajo control y sobre las que la empresa tiene poca o ninguna información. Además, no puede predecir el futuro basándose en experiencias pasadas.

Muchos de los Objetivos de la Empresa están relacionados con la manera en la que quiere crecer. Desde Dirección puede ser que se opte por el **CRECIMIENTO INTERNO.** Este es el realizado por la organización gracias a inversiones en su propia estructura tales como la construcción de nuevas instalaciones, la contratación de personal, la compra de maquinaria…. Gracias a ello la Empresa aumenta su capacidad productiva. Está suele ser la manera más habitual de crecimiento de las empresas pues es más barata aunque se tarda más en lograrlo.

La otra manera de crecer es gracias al **CRECIMIENTO EXTERNO.** Este es el realizado por la empresa a través de la adquisición, asociación o control de otras empresas ya existentes. A menudo es la manera más rápida de entrar en un mercado nuevo aunque es más caro que el **Crecimiento Interno** y puede ocasionar problemas como el encontrar la empresa adecuada para adquirir o para asociarse.

www.ingramcontent.com/pod-product-compliance
Lightning Source LLC
Chambersburg PA
CBHW051217170526
45166CB00005B/1940